Learn English with Movies

영화로 배우는 영어

강혜경 지음

영화 : A Dog's Way Home

경문사

책 소개

이 책의 목표

1. 전체 스토리를 이해하고 구성하는 사고능력을 키울 수 있다.
2. 맥락과 상황 속에서의 영어 단어 습득 및 영어 문장의 구성과 행간의 의미를 파악할 수 있다.
3. 영어권 나라의 생활 방식, 문화, 삶에 대한 폭넓은 이해와 인문학적 소양을 갖출 수 있다.
4. 영어표현능력을 키워 실생활에서 자유자재로 활용함으로써 글로벌 시대의 주역으로 성장할 수 있다.

이 책의 특징

본 저서는 4차 산업혁명시대 대비 감성영어 프로젝트의 일환으로, 기계와 로봇이 주도해가는 세상에서 인간 고유의 영역인 사유의 힘과 감성을 불러일으키는 교재를 개발할 필요성에 의해 제작되었다. 또한 글로벌 시대를 주도해 나가기 위해 더욱 중요해진 영어능력을 향상시키기 위해 영어를 전공한 학생들뿐 아니라 영어에 관심 있는 타 학과 학생들, 그리고 일반인들도 흥미롭게 영어를 공부할 수 있도록 구성하였다.

일상생활에서 사용되는 기본적인 영어 단어와 문장을 중점적으로 익힐 수 있도록 각 단원별로 평균 20개 정도의 새로운 영어 단어와 15개 정도의 관용적인 표현들을 배울 수 있도록 배치하였다. 또한 학습자의 흥미를 돋우기 위하여 영화의 주요 장면들을 유튜브 영상을 연결하여 볼 수 있도록 해당 사이트 주소를 밝혀놓았다.

이 책의 활용방법

1. YouTube 영상을 시청하며 영상의 주제, 상황, 메시지를 파악하고, 전개되는 스토리에 자신의 생각을 덧붙여 인문학적 상상력을 발휘한다.
2. 영상에 나오는 영어 단어와 주요 표현들을 학습하고, 관련된 구문과 문법 포인트를 정리한다. 또한 학습한 단어와 구문의 유사어나 반의어 등을 추가하여 단원별로 평균 20개 정도의 새 영어 단어와 15개 정도의 관용구를 학습한다.
3. YouTube 영상을 반복 시청하며 제시된 미션을 통해 연습문제를 풀고 주요 단어와 표현들

을 체득한다. 이 활동을 통해 학습자들은 영어 듣기와 말하기, 읽기와 쓰기 연습을 골고루 하게 되며, 맥락과 상황에 맞는 영어식 표현과 구문을 익혀 실생활에서 활용할 수 있는 능력을 키우게 된다.

강의계획표

Unit	Topic
01	Introduction
02	Goodbye, Bella
03	Big Kitten
04	Hunted by Coyotes
05	Fun in the Snow
06	The Avalanche
07	OST: Together from Afar
08	Mid-term Exam
09	A Homeless Dog
10	Big Kitten Returns
11	Hit by a Car
12	Finding Her Human
13	Standing up to the Dogcatcher
14	OST: Hold On
15	Final Exam

목차

01 Introduction 1

02 Goodbye, Bella 15

03 Big Kitten 29

04 Hunted by Coyotes 43

05 Fun in the Snow 57

06 The Avalanche 71

07 OST : Together From Afar 85

08 Review for Mid-term Exam[1주차~7주차] 101

09 A Homeless Dog 109

10 Big Kitten Returns 125

11 Hit by a Car 143

12 Finding Her Human 159

13 Standing Up to the Dogcatcher 177

14 Hold On 201

15 Review for Final Exam[9주차~14주차] 219

정답 및 해설 225

WEEK

01

Introduction

학습목표

1. 영화의 주제와 메시지를 말할 수 있다.
2. 영화의 전체적인 구성과 이야기를 요약, 설명할 수 있다.
3. 주요 영어 표현들을 실생활에 적용할 수 있다.

학습내용

1. Overview: A Dog's Way Home (2019)

1) **Movie Poster**

- Film: A Dog's Way Home
- Release: 2019
- Genre: American family adventure film
- Director: Charles Martin Smith
- Heroine: Puppy Bella (Bryce Dallas Howard as the voice of Bella)

2) **Outline**

A Dog's Way Home is a 2019 American family adventure film directed by Charles Martin Smith from a screenplay by W. Bruce Cameron and Cathryn Michon, based on the 2017 book of the same name by Cameron.

The film stars Bryce Dallas Howard, Ashley Judd, Edward James Olmos, Alexandra Shipp, Wes Studi, Chris Bauer, Barry Watson, and Jonah Hauer-King, and follows a dog named Bella (voiced by Howard) who travels more than 400 miles to find her owner.

It was released in the United States on January 11, 2019, to mixed reviews from critics and grossed $76 million worldwide.

Charles Martin Smith가 연출한 영화 A Dog's Way Home은 2019년 초 개봉된 미국 가족 모험 영화이다. 이 영화는 W. Bruce Cameron의 동명소설 *A Dog's Way Home*(2017)을 바탕으로 만들어졌으며 Cameron과 Cathryn Michon이 영화 시나리오를 썼다.

Bryce Dallas Howard, Ashley Judd, Edward James Olmos, Alexandra Shipp, Wes Studi, Chris Bauer, Barry Watson, and Jonah Hauer-King 등이 출연하며, 벨라(Bella, Bryce Dallas Howard의 목소리 연기)라는 이름을 가진 개가 주인을 찾아 400마일 이상을 강행군하며 여러 우여곡절을 겪고 마침내 주인을 찾아오는 이야기이다.

2. Characters

- Bella 주인공 개
- Lucas 개를 아끼고 사랑하는 청년
- Terri 루카스의 엄마
- Olivia 루카스의 여자 친구
- Big Kitten 벨라 친구: 새끼 퓨마
- Homeless Man 노숙자
- Dogcatcher 길거리를 돌아다니는 주인 없는 개나 고양이를 잡는 일을 하는 사람
- Chuck 동물관리팀 직원
- 멕시코 새 주인, 사냥꾼 등

3. 원작소설: *A Dog's Way Home* (2017)

A Dog's Way Home is a 2017 book by American author W. Bruce Cameron, based on a true story.

*A Dog's Way Home*은 미국 작가 W. Bruce Cameron이 **실제 이야기를 바탕으로 쓴 책**으로 2017년 출판되었다.

4. 플롯(Plot)

1) 플롯(Plot)이란?

- 사건의 논리적인 패턴과 배치를 일컫는다.
- 플롯은 **소설에서 인물, 주제, 배경, 문체 등과 함께 허구의 이야기를 구성하는 기본 요소**이다.
- 영어 'plot'은 한국어 '줄거리'와 같은 뜻으로 볼 수도 있으나 한국어 '줄거리'는 대개 이야기의 시간적인 배열을 가리키기 때문에 전문용어로는 영어에서 차용한 '플롯'을 쓰는 경우가 많다.
- 이 외래어를 순화시켜서 "이야기 얼개," "이야기 구성," "이야기 구조" 등으로 표현하기도 한다.
- 플롯은 인과관계에 따른 사건배열을 의미한다는 점에서 일련의 시간순서로 연결된 스토리와는 차이가 있다. 스토리는 연속성을 중심으로, 플롯은 인과관계를 중심으로 쓰여 진다.

2) 플롯의 4단계

발단 → 전개/갈등 → 절정 → 대단원

① 발단: 이야기가 시작되는 부분으로 인물, 배경 등을 소개한다.
② 전개/갈등: 사건이 전개되면서 인물 사이에 갈등이 고조된다.
③ 절정: 이야기 내의 갈등이 극에 달하고, 이야기가 해결되는 전환점이 놓인다.
④ 대단원: 이야기 내의 갈등이 해소되고 결말을 맞는다.

3) Gustav Freytag의 플롯 피라미드

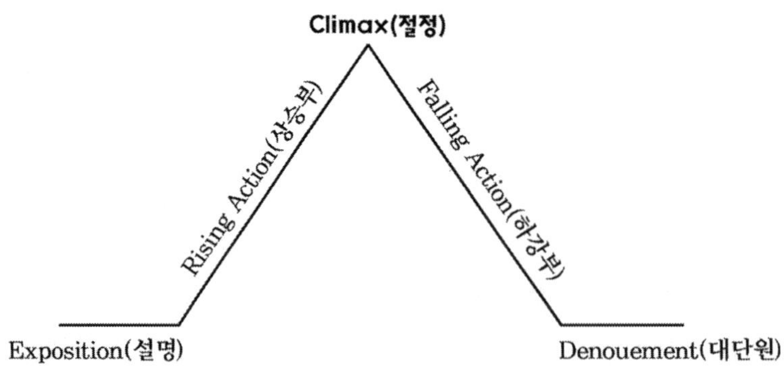

5. Story: Summary

- Lucas Ray and his girlfriend Olivia, two residents of Denver, Colorado, find a puppy in a construction site along with many kittens and a mother cat.
- He names the dog Bella and takes her home to live with him and his mother, Terri Ray. Over the years, Lucas plays with and takes care of Bella.
- However, Lucas also continues to feed the cats at the old house, putting himself in the crosshairs of Günter Beckenbauer, the man who intends to demolish the house.
- He even calls the city about the cats who live there, which delays the demolition. Vengeful, Günter notifies animal control that Bella is a pitbull (despite not looking like one), because in Denver, pitbulls are illegal, due to being a dangerous breed.
- That evening, an overzealous animal control officer named Chuck comes by to warn Lucas that if he finds Bella on the street, he will impound her.

- 콜로라도 주 덴버시에 살고 있는 루카스 레이와 그의 여자 친구 올리비아는 건설 현장에서 많은 새끼 고양이와 엄마 고양이와 함께 있는 강아지를 발견한다.
- 루카스는 강아지에게 벨라라는 이름을 지어주고 벨라를 엄마(테리 레이)와 함께 살고 있는 집으로 데려간다. 여러 해 동안 루카스는 벨라와 함께 놀며 그녀를 돌본다.
- 그러나 루카스는 벨라가 지내던 그 오래된 집에 있는 고양이들에게도 계속 먹이를 준다. 그로 인해 그 집을 철거하고 싶어하는 귄터 베켄바우어라는 남자와 충돌하게 된다.
- 심지어 루카스는 시 당국에 전화를 걸어 고양이들이 살고 있는 집의 철거를 지연시키기까지 한다. 복수심에 불탄 귄터는 벨라가 핏불이라고(그렇게 보이지 않음에도 불구하고) 동물관리팀에 신고한다. 왜냐하면 덴버시에서는 핏불이 위험한 견종으로 분류되어 키우는 것이 불법이기 때문이다.
- 그날 저녁 척이라는 이름의 지나치게 열성적인 동물관리팀 직원이 찾아와서 루카스에게 경고한다. 만약 거리에서 벨라를 발견하면 즉시 우리에 가둘 것이라고.

- The next day, when Bella gets out to chase a squirrel, Lucas catches up to her and prepares to take her home, but Chuck confiscates Bella and takes her into the local animal shelter.

- Lucas picks Bella up, pays a fine, and is allowed to take her home, but he is warned that if Bella is captured again, she will be euthanized.
- To avoid this, Lucas sends Bella to live with Olivia's aunt and uncle in Farmington, New Mexico, until he and his mother can find another home outside of Denver's urban limits.

- 다음 날 벨라가 다람쥐를 쫓아 거리로 뛰쳐 나갔을 때, 루카스는 벨라를 찾아 붙잡고 집으로 데려가려 한다. 그러나 척은 벨라를 압수해서 지역 동물보호소로 보낸다.
- 루카스는 벨라를 찾아서 벌금을 내고 집으로 데려갈 수 있게 된다. 그러나 벨라가 다시 잡히면 안락사될 것이라는 경고를 받는다.
- 이를 피하기 위해 루카스는 덴버시의 경계 밖으로 이사할 때까지 잠시 벨라를 뉴멕시코주, 파밍턴에 있는 올리비아의 이모와 삼촌 집으로 보낸다.

- However, Bella misses Lucas so much that she leaves Farmington and begins a 400-mile journey home, which will take more than two years to complete.
- During Bella's journey, she befriends a cougar cub, whom she names "Big Kitten." Bella and Big Kitten encounter many ordeals together, including being hunted by a pack of coyotes, but a group of men help Bella and frighten the coyotes away.
- The three men give Bella food at their campsite and upon learning who her owner is, try to call Lucas, only to be scared away by the sudden arrival of Big Kitten.

- 그러나 벨라는 루카스를 너무 그리워하여 파밍턴을 떠나 집으로 가기 위한 400마일의 대장정을 시작한다. 장장 2년 이상이 걸릴 긴 여정을.
- 벨라는 여정 중에 쿠거(퓨마) 새끼를 만나 친구가 되는데, 그를 "큰 고양이"라고 이름을 지었다. 벨라와 큰 고양이는 코요테 무리에 의해 포위되는 것을 포함하여 많은 시련을 겪지만, 한 무리의 사람들이 벨라를 도와주고 코요테를 겁을 주어 쫓아버린다.
- 세 남자는 벨라를 그들의 야영장으로 데려가 음식을 주고 벨라의 주인이 누구인지 알게 되어 루카스에게 전화를 걸려고 시도하다, 갑자기 나타난 큰 고양이를 보고 놀라 기겁을 하고 도망친다.

- During the winter, Bella helps rescue a man buried in an avalanche. Eventually, she

reaches a small town, where she is temporarily taken in by a homeless and mentally ill veteran named Axel until he soon dies of a drug overdose.
- Back in the wilderness, Bella is attacked by coyotes again, but Big Kitten, now fully grown, returns and intervenes, successfully fighting off the coyotes. At each place Bella goes, she learns that each of her new friends has its own home, and how she must keep moving to get back to her family.
- After encountering further challenges, Bella finally makes it back to Denver, and she bids Big Kitten farewell before they part ways.

- 겨울 동안 벨라는 눈사태에 묻힌 사람을 구출하는 데 도움을 준다. 마침내 벨라는 조그만 마을에 도착하게 되는데 거기서 엑슬이라는 이름을 가진 정신적으로 병든 베테랑 노숙자에게 이끌리게 되고, 그가 약물 과다 복용으로 곧 사망하게 될 때까지 묶여 지낸다.
- 광야로 돌아간 벨라는 코요테 무리에 다시 공격을 받지만, 이제는 완전히 자라 돌아온 큰 고양이가 제압하여 코요테 무리를 무찔러 버린다. 벨라는 가는 곳마다, 새로운 친구들이 각자 자신의 집(가정)을 가지고 있다는 것을 알게 되고, 자신도 자기의 가족에게 돌아가기 위해 계속 가야 한다는 것을 깨닫게 된다.
- 또 다른 여러 도전에 직면한 후 마침내 벨라는 덴버시로 돌아오게 되는데, 떠나기 전에 벨라는 큰 고양이와 애틋한 작별을 한다.

- She reaches the city's VA hospital, where she joyfully reunites with Lucas, Terri, and Olivia. Lucas prepares to take Bella to the vet to treat an injury Bella received due to being struck by a car, but when Lucas, Terri, and Lucas's friends bring Bella outside, Chuck arrives with several police officers, including police captain Mica.
- Chuck claims that he needs to confiscate Bella again, with the threat to have Lucas and anyone who interferes arrested otherwise.
- Captain Mica states that he enforces the law, which states that Bella must be impounded, but Lucas and Terri stand up for Bella and explain that there is no reason to confiscate Bella as the VA hospital is federal property, and thus it is not technically part of Denver.

- 벨라는 도시의 재향군인 병원에 도착하여 루카스, 테리, 올리비아와 즐겁게 재회한다. 루

카스는 벨라를 수의사에게 데려가 차에 부딪혀 다친 다리를 치료해주려고 하지만, 벨라를 데리고 밖으로 나왔을 때 척이 마이카를 비롯한 여러 경찰관과 함께 도착한다.

- 척은 루카스와 어느 누구든 간섭하는 사람들을 체포하겠다는 협박을 하며 벨라를 다시 압수해야 한다고 주장한다.
- 마이카 대장은 법을 집행한다고 하며, 벨라가 구금되어야 한다고 주장한다. 그러나 루카스와 테리는 벨라를 보호하며 재향군인 병원이 연방재산이므로, 따라서 엄밀히 따지면 이곳은 덴버시의 일부가 아니기 때문에 벨라를 압수할 이유가 없다고 설명한다.

- Captain Mica allows Lucas to keep Bella as he has no jurisdiction.
- Chuck threatens to pull Lucas over if he sees Bella leave the premises, but Captain Mica admonishes Chuck and pulls him from public field duty for his over-zealousness and the number of complaints against him, then orders the police officers not to pull anybody over just for a dog.
- Lucas and Olivia are happy to see Bella again and finally manage to move into a house in Golden, where they allow pitbulls.

- 마이카 대장은 그가 관할권이 없음을 인정하고 루카스가 벨라를 소유할 수 있도록 허락한다.
- 척은 루카스를 끌어당겨 벨라가 관할 부지를 떠나는 것을 목격하면 가만두지 않겠다고 으름장을 놓지만, 마이카 대장은 척을 꾸짖고 그의 지나친 열성과 그에 대한 여러 민원을 문제 삼아 그를 공공 현장 의무에서 끌어내린다. 그리고 경찰관들에게 해산하도록 명령한다.
- 루카스와 올리비아는 벨라를 다시 만나서 행복해하고, 마침내 핏불 견종을 허용하는 골든 지역에 있는 집으로 이사한다.

6. Story: Selection

	Scenes
Story 1	Goodbye, Bella
Story 2	Big Kitten
Story 3	Hunted by Coyotes
Story 4	Fun in the Snow
Story 5	The Avalanche
Story 6	Together From Afar
Story 7	A Homeless Dog
Story 8	Big Kitten Returns
Story 9	Hit by a Car
Story 10	Finding Her Human
Story 11	Standing Up to the Dogcatcher
Story 12	Hold On

7. Film Script

A Dog's Way Home Trailer

영상 보기 https://youtu.be/LRs8ydxa2lk 또는

Scene 1

Bella : There's one thing I know about the world.
It's the little things that matter.
It's the tiny things.

벨라 : 저는 세상에 대해 알고 있는 것이 하나 있어요.
중요한 것은 작은 것입니다.

그것은 작은 것들입니다.

Scene 2

Lucas : Do you want a tiny piece of cheese?

Bella : Yes, yes, yes! He's just my life.
My name is Bella and this is how I met Lucas.

Olivia : She does seem to really like you.

Lucas : Maybe that's a sign her home supposed to be with me.

루카스 : 작은 치즈 한 조각 줄까?

벨라 : 네, 네, 네! 내 삶 자체에요.
제 이름은 벨라이고, 루카스를 이렇게 만났어요.

올리비아 : 이 강아지가 정말 너를 좋아하는 것 같아.

루카스 : 아마도 그건 이 강아지가 나와 함께 지내야 한다는 표시일거야.

Scene 3

Bella : We played a ball. And we played "Don't chew shoes."

Lucas : Bella, don't chew shoes.

Bella : That one was his favorite.
Over the years we did everything together.

벨라 : 우리는 공놀이를 했고, "신발 씹지 마" 게임을 했어요.

루카스 : 벨라, 신발 씹지 마.

벨라 : 그건 그가 가장 좋아하는 거였어요. 수년에 걸쳐 우리는 모든 것을 함께했습니다.

Scene 4

Bella : We chased a squirrel. We went to work.
We even played a game called "Doctor, Doctor game."
Everything's all right. Yeah, life with Lucas was the best, but when he wasn't around I missed him so much.

벨라 : 우리는 다람쥐를 쫓기도 했고, 일하러 가기도 했어요.
'닥터, 닥터 게임'이라는 게임도 했지요.
모든 것이 좋았어요. 그래요, 루카스와의 삶은 최고였어요. 그러나 루카스가 없을 때는 그가 너무 보고 싶었어요.

Scene 5

Bella : It's – that's a squirrel again.
Squirrel, squirrel, squirrel ~

벨라 : 그건 – 저거 또 다람쥐야.
다람쥐, 다람쥐, 다람쥐~

Scene 6

Man : There's a dog. Looks like she needs help.

Bella : I was very far from home, but I knew Lucas was waiting for me and I had to go and find him.

남자 : 여기 개가 있어요. 이 개는 도움이 필요한 것 같아요.

벨라 : 저는 집에서 매우 멀리 떨어져 있었지만 루카스가 저를 기다리고 있다는 것을 알고 있었어요. 그래서 저는 루카스를 찾아서 떠나야만 했어요.

Scene 7

Bella : Oh, look! Snack!
Even better than a tiny piece of cheese.

벨라 : 오, 저기 봐! 간식거리가 있네!
작은 치즈 조각보다 더 맛있겠는걸.

Scene 8

Bella : We all face things that are hard.
The only thing that gets us through it are the special people in our lives and I was never going to stop searching until I found mine.

벨라 : 우리는 모두 어려운 일들에 직면합니다.
(우리가 인생을 살아가면서 역경에 처할 때) 그것을 이겨내도록 해주는 유일한 것은 바로 우리의 삶에서 만나게 되는 특별한 사람이죠. 그래서 저도 저의 특별한 사람을 찾기 위해 끊임없이 노력할 거예요.

Scene 9

Man : That dog saved his life.

남자 : 저 개가 그의 생명을 구했어요.

Scene 10

Lucas : I can't believe it.

루카스 : 믿을 수 없어.

8. Mission

영상 보기 https://youtu.be/LRs8ydxa2lk 또는

1) 영상을 보며 빈 칸을 채워보세요.

① **[00:05]** __________ one thing I know about the world.
세상에 대해 내가 알고 있는 것이 하나 있어요.

② **[00:10]** Bella, do you want a tiny __________ of cheese?
벨라, 작은 치즈 한 조각 먹을래?

③ **[00:17]** My name is Bella and this is __________ I met Lucas.
제 이름은 벨라이구요, 저는 이렇게 루카스를 만났습니다.

④ **[00:40]** That one was his ______________.

그건 루카스가 가장 좋아했던 것(신발)이었어요.

⑤ **[01:02]** Life with Lucas was the best, _______ when he wasn't around I missed _______ so much.
루카스와 함께 하는 삶은 최고였지만, 그가 (주변에) 없을 때는 많이 그리웠습니다.

⑥ **[01:25]** I was very _______ from home, but I knew Lucas was waiting for me and I had _______ go and find him.
저는 집에서 멀리 떨어져 있었지만 루카스가 저를 기다리고 있다는 것을 알고 있었기 때문에, 저는 그를 찾아 가야만 했어요.

⑦ **[01:44]** The only thing that gets us _______________ it are the special people in our __________ and I was never going to stop _______________ until I found mine.
(우리가 인생을 살아가면서 역경에 처할 때) 그것을 이겨내도록 해주는 유일한 것은 바로 우리의 삶에서 만나게 되는 특별한 사람이죠. 그래서 저도 저의 특별한 사람을 찾기 위해 끊임없이 노력할 거에요.

2) 아래 문장을 영어로 표현해보세요.

⑧ **[01:13]** 저는 그가 너무 보고 싶었어요.

⑨ **[01:44]** 살다 보면, 우리는 모두 어려운 일에 직면합니다.

⑩ **[02:09]** 저 개가 그의 생명을 구했어요.

학습정리

1. release	개봉; 발매; 출시; 공개; 발표
2. critic	비평가
3. plot	플롯; 이야기 얼개/구성/구조
4. resident	주민; 거주민
5. demolish	철거하다; 허물다; 파괴하다; 없애다
6. vengeful	복수심에 불탄
7. pit bull (terrier)	핏불 테리어
8. impound	가두다; 몰수하다; 압수하다
9. confiscate	몰수하다; 압수하다; 징발하다
10. euthanize	안락사시키다
11. cougar	쿠거; 퓨마
12. jurisdiction	사법권; 관할권; 권한
13. admonish	훈계하다; 경고하다; 혼내다

영화로 배우는 영어
A Dog's Way Home

WEEK 02

Goodbye, Bella

학습목표

1. 영상에 나오는 주요 단어와 표현을 말할 수 있다.
2. 문장의 구조와 문법을 설명하고, 주요 표현들을 맥락 속에서 확장시킬 수 있다.
3. 학습한 단어와 표현들을 자유자재로 활용할 수 있다.

복습점검

아래 진술문이 사실이면 ○, 사실이 아니면 ×로 답하세요.

1. 영화 A Dog's Way Home은 미국 작가 W. Bruce Cameron의 동명 소설 A Dog's Way Home (2017)에 기반 하여 만들어졌다. (○/×)

2. 영화 A Dog's Way Home은 루카스라는 주인공 청년과 그의 여자 친구인 올리비아가 벌이는 동물보호운동에 관한 이야기를 주제로 하고 있다. (○/×)

3. Plot(플롯)이란 사건의 논리적인 패턴과 배치를 일컫는 용어로 우리말로는 '이야기 얼개', '이야기 구성', '이야기 구조' 등으로 표현할 수 있다. (○/×)

학습내용

1. Introduction

1) **A Dog's Way Home (2018) - Goodbye, Bella (1/10)**

2) **Situation(상황)**

벨라(Bella)는 핏불 견종으로 분류되어 덴버(Denver)시에서는 키우지 못하는 개이다. 그래서 루카스(Lucas)는 유사시를 대비하여 평소 벨라에게 "Go home!(집으로 가!)" 훈련을 시킨다. 그러나 어느 날 집에 혼자 남아 있던 벨라는 유리창 밖 다람쥐를 보고 뛰쳐나가 창틀을 목에 단 채 거리를 활보하게 된다. 루카스가 가까스로 벨라를 찾아 집으로 데려가려고 하지만, 척(Chuck)과 민원을 받고 출동한 경찰과 대치하게 된다. 이 상황에서 루카스는 평소 벨라에게 훈련을 시켰던 "Go home!" 명령을 내리지만, 벨라는 루카스에게 자신이 필요하다는 생각에 차마 도망치지 못한다. 결국 루카스는 벨라를 잡으려는 척과 실랑이를 벌이게 되고 경찰관의 배려로 직접 벨라를 안아 경찰차 안에 집어넣게 된다. 철창을 사이에 두고 벨라와 루카스는 애틋한 작별 인사를 나눈다.

2. Film Script

A Dog's Way Home (2018) - **Goodbye, Bella Scene** (1/10)

영상 보기 https://youtu.be/r3_lvtMPli4 또는

Scene 1

Bella : That squirrel! I have to have that squirrel. Squirrel, squirrel, squirrel!
Mom : Bella? Bella! Bella, Bella, Bella!

벨라 : 저 다람쥐! 저 다람쥐를 잡아야 해. 다람쥐, 다람쥐, 다람쥐!
엄마 : 벨라? 벨라! 벨라, 벨라, 벨라!

Scene 2

Lucas : I've been looking all over for you. Bad dog.
Bella, you can never, ever do that again.
I don't care about the window, but you can not run away.

루카스 : 널 찾아 사방을 돌아다녔어. 나쁜 녀석.
벨라, 다시는 이러면 안 돼.
부서진 창문은 상관없지만, 이렇게 도망쳐선 안 돼.

Scene 3

Chuck : Hold it right there, pal. I'm impounding that animal.
Lucas : No, you're not.
Chuck : Yes, I am, and that's my backup.
This is a pit bull. And this is a legal impoundment.
If he resists, we arrest him.

척 : 거기 그 개를 바로 잡고 있어요. 나는 그 개를 잡아 가둘 거요.
루카스 : 안돼요. 당신은 그럴 수 없어요.
척 : 아니요, 난 할 거요, 그게 내가 할 일이에요.

이 개는 핏불이요. 이건 합법적인 압수요.
그가 저항한다면, 우리는 그를 체포할거요.

Scene 4

Lucas : Go home, Bella. Bella, go home. Go home, Bella.
Bella : But you need me.
Lucas : Bella, please, go home. Bella, please, go home, Bella.

루카스 : 집으로 가, 벨라. 벨라, 집으로 가. 집으로 가, 벨라.
벨라 : 하지만 당신은 내가 필요해요.
루카스 : 벨라. 벨라, 제발, 집으로 가. 벨라, 제발, 집으로 가, 벨라.

Scene 5

Chuck : That's right. Easy does it.
Lucas : Bella, go home.
Chuck : Easy. There we go.
Police : Don't do that. Sir. Come on. Sir, let go now.
You need to let him have the dog.

척 : 맞아. 쉽지. 천천히. 자, 자.
루카스 : 벨라, 집으로 가.
척 : 쉽지. 됐어.
경찰 : 그러지 마세요. 어서요. 내버려 둬요.
저 주인이 그 개를 다루도록 놔두세요.

Scene 6

Lucas : Not with that on her.
Chuck : Let's go.
Police : Chuck, let him do it.
Lucas : It's okay, Bella. It's okay. I got you.
Chuck : Follow me.

Lucas : It's okay. I got you, baby. It's okay. It's okay.
Bella, I screwed up. I'm so sorry.

루카스 : 그것(올가미)을 그녀의 목에 걸지 마세요.
척 : 갑시다.
경찰 : 척, 그가 하게 놔두세요.
루카스 : 괜찮아, 벨라. 괜찮아. 괜찮아. 내가 보호해줄게.
척 : 나를 따라와요.
루카스 : 괜찮아. 내가 있으니까. 괜찮아. 괜찮아.
벨라, 내가 목을 조였지. 미안해.

Scene 7

Bella : All of a sudden, I smelled so many other dogs.
Lucas : You're okay. It's all right. I will come and get you, Bella. Understand?
Bella : I'm sorry I didn't do Go Home, Lucas.
Lucas : I will not let them hurt you.
Chuck : Okay, that's enough. Step away, please. Step away.
Bella : Please!
Lucas?

벨라 : 갑자기 아주 많은 개들의 냄새가 났어요.
루카스 : 넌 괜찮아. 아무 일도 없을 거야. 내가 데리러 올게, 벨라. 알았어?
벨라 : '집으로 가'를 실행하지 않아서 미안해, 루카스.
루카스 : 그들이 널 해치게 놔두지 않을 거야.
척 : 됐어요, 이제 충분해요. 그만 물러서요. 제발 물러나주세요.
벨라 : 제발!
루카스?

3. More Related Words

1) I have to have that **squirrel**.

- fox squirrel
- flying squirrel
- red squirrel
- rabbit / hare

rabbit	hare
애완용으로 키울 수 있다. 땅속에 산다. 단체로 산다.	길들일 수 없다. rabbit보다 빠르고 덩치가 크다. 땅위에 집을 만든다. 개인적으로 움직인다.

2) I'm **impounding** that animal.

- confiscate – confiscating : 압수하다; 몰수하다
- arrest – arresting : 체포하다
- catch – catching : 포착하다; 잡다
- capture – capturing : 억류하다; 포획하다

3) This is **a pit bull**.

- pit bull terrier(핏불 테리어)

A selection of pit bull-type dogs. 핏불형 개들의 종류.

American Pit Bull Terrier

American Staffordshire Terrier

American Bulldog

Staffordshire Bull Terrier

A blue–nosed pit bull puppy

Bella

참고 불도그와 테리어를 교배한 투견 품종

- 불 테리어, 아메리칸 스태퍼드셔 테리어, 스태퍼드셔 불 테리어 같은 품종에 이름이 붙여진다.
- 원래 이 개는 다른 개에게 공격성을 드러내도록 훈련받았으나, 사람에 대해 호전적 성향을 보이는 개는 사육에서 제외되었다.
- 싸우는 도중에도 조련사가 개를 조종해야 했기 때문에, 인간에 대해 호전적 성향을 보이는 개는 사육에서 제외되었다.
- 그러나 미국·영국 등 많은 나라에서 불법임에도 불구하고 투견이 성행하자, 무책임한 사육사들이 그러한 성향을 개에게 주입하고 호전적 기질을 끌어내기 위해 학대하는 일이 벌어지게 되었다.
- 핏불로 알려진 개가 사람을 공격하는 일이 알려지면서 이 품종을 키우는 것을 금지 또는 제한하는 법률이 입법화되었다.
- 일부 인도적 사회단체들은 핏불이 입양에 적합하지 않다고 판단될 경우, 그 개를 안락사 시킨다.
- 어깨높이는 45~48cm 정도이고, 몸무게는 약 13.5~36kg이다. 털은 짧고 윤기가 흐르고 색은 다양하다.
- 몸의 중심이 낮은 편이며 목과 머리 부위의 근육이 특히 잘 발달되어 있다.
- 대부분의 핏불 테리어는 재미있고 온화한 성격을 지니고 있다.

4) This is a legal **impoundment**.

impoundment

뜻 몰수, 압수, 구금

예 He went to the **impoundment** lot to get his car.
그는 그의 차를 찾으러 압류차고지로 갔다.

confiscation

뜻 몰수, 압수, 가두기, 구금, [법] 사유 재산 몰수

예 **Confiscation** of all assets was executed due to his default.
그의 채무 불이행으로 전 재산의 몰수가 집행되었다.

5) Bella, I **screwed** up.

screw

뜻 조이다

fasten

뜻 죄다, 잠그다, 채우다, 지르다

예 Don't forget to **fasten** your seatbelt.
안전띠를 매는 것을 잊지 마세요.

4. Grammar

1) **사역동사**

• 의미 : '~하게 하다' (남에게 어떤 행동이나 동작을 하게 하는 의미를 지닌 동사)

let

뜻 **허락** [~하도록 허락하다, ~를 하게 내버려 두다]

예 ① Sir, **let go** now. You need to **let him have the dog.**
선생님, 내버려 둬요. 저 주인이 그 개를 다루도록 놔두세요.

② **Let go**. Chuck, **let him do it.**
내버려두라니까요. 척, 그가 하게 놔둬요.

③ I will not **let them hurt you.**
그들이 널 해치게 하지 않을 거야.

let		④ Just **let him do what he wants.** 그냥 그가 원하는 것을 하게 해주세요. ⑤ I will not **let them hurt you.** 그들이 널 해치게 하지 않을 거야.
have	뜻 예	**부탁, 요청, 정당한 요구 [~하도록 하다]** **Have** him come hera at five. 5시에 그를 여기에 오게 하세요.
make	뜻 예	**의무, 이행**, 약간의 **강제성**을 띰 [(강제로) ~하게 만들다 / 시키다] The TV show made students reflect upon themselves. TV 프로그램은 학생들 스스로를 돌아보게 만들었다.

- 구조 : **사역동사 + 목적어 + 동사원형 / 과거분사**

예문 ① She **made her son do** his homework.
그녀는 그녀의 아들에게 그의 숙제를 하게 했다.
② Teachers **had their students stand** in line.
선생님들은 학생들을 줄을 서게 했다.
③ The story just **made me bored**. 그 이야기는 나를 지루하게 만들었다.
④ I **had the room cleaned**. 나는 그 방을 청소하도록 시켰다.

2) 현재완료 진행형

- 의미 : 과거부터 현재까지의 행위와 상태를 말하며, 지금 진행 중인 상황을 나타낼 때 쓰임
- 구조 : 현재완료 (과거 + 현재) + 진행형

예문 ① **I've been looking** all over for you. 널 찾아 사방을 돌아다녔어.
② I **have been preparing** for the examination for a year.
나는 1년 동안 시험 준비를 하고 있어요.

③ John began studying 5 hours ago. + He is still studying now.
→ John **has been studying** for 5 hours.
존은 5시간 동안 공부하고 있다.
(존은 5시간 전에 공부했고 지금도 공부하고 있다는 뜻이므로 현재완료 진행형을 써야 한다.)

5. Expressions

1) **have to**

① have to 동사원형 : ~을 해야만 한다.
주로 화자의 감정이 없이 법이나 규칙에 따라 무엇을 해야만 하는 경우 사용함
I **have to** have that squirrel. 난 저 다람쥐를 잡아야만 해.
Jane was sick. She **had to** go to the doctor. 제인은 아파서 병원에 가야만 했다.

② must 동사원형 : ~을 해야만 한다.
주로 화자의 감정이 들어있을 때 사용
Jane was sick, but she didn't want to go the doctor. So I told her she **must** go.
제인은 아팠지만, 병원에 가고 싶지 않았어요. 그래서 나는 그녀에게 가야만 한다고 말했어요.

③ have to vs. must : ~을 해야만 한다.
have to와 must의 과거형은 모두 had to이다.
I **have to** do it. → 과거형 I **had to** do it.
I **must do** it. → 과거형 I **had to** do it.

2) **care about [for]**

① …에게 마음을 쓰다, …에 관심을 가지다.
I don't **care about** the window, but you can not **run away**.
부서진 창문은 상관없지만, 이렇게 도망쳐선 안 돼.
They **care about** politics. 그들은 정치에 신경 쓴다.

② do not care about[for] : 마음에 두지 않다.
Don't **care about** me. I'll be fine. 내 걱정하지 마. 괜찮아질 거야.

③ care nothing about : …에 전혀 개의치 않다.
I **care** nothing **about** his attitude. 나는 그의 태도에 전혀 개의치 않는다.
I don't **care** (a) sixpence **about** it. 조금도 상관없다.

3) **If he … 그가 ~하면**

If he resists, we arrest him. 만약 그가 저항한다면, 우리는 그를 체포할거요.
If you arrest him, your case is over. 그를 체포하면 사건은 끝난다.
If anyone calls, tell them I'm not at home. 누구든 전화하면 나 집에 없다고 해.

4) **Easy does it. : (명령형으로 쓰여) 살살[조심해서] 해라.**

① **Easy / Gently / Slowly does it.**
상대방에게 조심해서/주의 깊게/살살 하라고 말할 때

② **Easy does it!** Just lift it a little bit and I think it'll go through the door.
쉬운 일이지. 천천히 해요! 조금만 들어 올리면 문을 통과 할 것입니다.

5) **run away : 도망치다.**

They **ran away** to Scotland. 그들은 스코틀랜드로 도망쳤다.
He **ran away** from home at the age of thirteen. 그는 13살 때 가출했다.

6) **step away**

I think you should **step away**. 네가 물러나야 한다고 생각해.
Please **step away** from the car. 제발 차에서 물러나 주세요.

6. Mission

1) 영상을 보며 빈칸을 채워보세요.

영상 보기 https://youtu.be/r3_lvtMPli4 또는

① **[00:44]** I've ________ looking all over for you.
널 찾아 사방을 뒤졌어.

② **[00:52-00:54]** I don't care ________ the window, but you can not run ________.
부서진 창문은 상관없지만, 이렇게 도망쳐선 안 돼.

③ **[01:24]** That's right. Easy _______ it.
그렇지. 살살 조심해서 해.

④ **[01:30-01:32]** Don't do that. Sir. Come on. Sir, let _____ now.
그러지 마세요. 선생. 어서. 이제 내버려 둬요.

⑤ **[01:37]** Not with that _____ her. Let go. Chuck, let him do it.
그것을 그녀의 목에 걸지 마세요. 그냥 둬요. 척, 그가 하게 둬요.

⑥ **[02:08]** Bella, I __________ up. I'm so sorry.
벨라, 내가 목을 조였지. 미안해.

2) 아래 밑줄 친 부분을 우리말로 해석해보세요.

⑦ <u>All of a sudden</u>, I smelled so many other dogs.

⑧ Okay, that's enough. <u>Step away</u>, please.

3) 문장을 영어로 표현해보세요.

⑨ 저 다람쥐를 잡아야만 해!

⑩ 나는 그들이 너를 다치게 하지 않을 거야.

학습정리

1. squirrel	다람쥐
• fox squirrel, red squirrel, flying squirrel	
2. rabbit	토끼
3. hare	산토끼
4. impound (impounding)	가두다; 몰수하다; 압수하다
• impoundment (impounding)	압수; 몰수; 구금
5. confiscate (confiscating)	압수하다; 몰수하다
• confiscation	몰수; 압수; 가두기; 구금
6. arrest (arresting)	체포하다
7. catch (catching)	포착하다; 잡다
8. capture (capturing)	억류하다; 포획하다
9. pit bull terrier	핏불 테리어 견종
10. screw	조이다
11. fasten	죄다; 잠그다; 채우다; 지르다

영화로 배우는 영어
A Dog's Way Home

WEEK
03

Big Kitten

학습목표

1. 영상에 나오는 주요 단어와 표현을 말할 수 있다.
2. 문장의 구조와 문법을 설명하고, 주요 표현들을 맥락 속에서 확장시킬 수 있다.
3. 학습한 단어와 표현들을 자유자재로 활용할 수 있다.

복습점검

1. 빈칸에 공통으로 들어갈 영단어를 쓰세요.

Sir, ____ go now. You need to ____ him have the dog. ____ go. Chuck, ____ him do it.

2. 빈칸에 들어갈 영단어를 쓰세요.

The story just made me ______.
그 이야기는 나를 지루하게 했을 뿐이야.

3. 빈칸에 들어갈 영단어를 쓰세요.

I've ______ looking all over for you.

1. Introduction

1) A Dog's Way Home (2018) - Big Kitten (2/10)

2) Situation(상황)

숲속에서 벨라는 눈앞에서 어미를 밀렵꾼에게 잃은 큰 고양이(새끼 퓨마, Big Kitten)를 발견하게 되고, 마음 약한 벨라는 큰 고양이를 돌봐 주는 엄마 역할을 하게 된다. 큰 고양이를 위해서 먹이를 구해주고 따뜻하게 품어 주며 그녀를 정성스럽게 돌봐 준다. 꽤 긴 시간 동안 큰 고양이와 시간을 보내게 되고 벨라 덕분에 큰 고양이는 점점 커졌다. 밤마다 큰 고양이는 어슬렁거리며 돌아다녔고, 벨라는 혼자 남아 자다 루카스 꿈을 꾸며 집을 그리워한다. 큰 고양이는 누군가가 준 물고기를 물고 왔지만, 벨라는 물고기 대신 닭고기를 갖고 오기를 바란다. 벨라와 큰 고양이는 서로를 따뜻하게 해주고 가족처럼 지낸다.

2. Film Script

A Dog's Way Home (2018) - Big Kitten Scene (2/10)

영상 보기 https://youtu.be/87lqS4kQqgE 또는

Scene 1

Bella : Big Kitten's mother couldn't feed her anymore, so, I did.
I was Big Kitten's Mother Cat now.

벨라 : 큰 고양이의 엄마는 더 이상 그녀를 먹여 살릴 수 없어서, 제가 대신 해야 했어요.
제가 지금 큰 고양이의 엄마였어요.

Scene 2

Bella : Big Kitten needed to eat, and so did I.
So, I did what any mother would do. I went hunting.

벨라 : 큰 고양이는 먹을 것이 필요했고, 저도 그랬죠.
그래서 저는 어떤 엄마라도 할 수 있는 일을 했죠. 저는 먹이를 찾으러 나갔어요.

Scene 3

♬ OST : Brighter than the Sun - Colbie Caillat ♬

(태양보다 더 밝게 – 콜비 카일랏)

음악 듣기 https://youtu.be/jOMVsEk9EhU 또는

Bella : Sorry, baby!
Fisher : Hey! Hey! Drop it! Oh!

벨라 : 아가야, 미안해!
낚시꾼 : 야! 야! 그거 놓고 가! 오!

Scene 4

Bella : Many nights, Big Kitten would wander off on her own.
I would sleep and dream of home.

Lucas : You're ready for your tiny piece of cheese?
Here you go. Good girl. You're such a good dog, Bella.

벨라 : 많은 밤을, 큰 고양이는 혼자 떠돌곤 했고,
저는 잠을 자고 집에 대한 꿈을 꾸었어요.

루카스 : 치즈 한 조각 먹을 준비 됐어?
여기 있어. 잘했어. 넌 정말 착한 개야, 벨라.

Scene 5

Bella : As time passed, Big Kitten got bigger.
She still didn't seem to understand how to do "Go Home".
So, when she tried to take me away from it, I would always have to bring her back.

벨라 : 시간이 지나면서 큰 고양이는 더 커졌어요.
그녀는 여전히 "집으로 가(Go Home)"를 하는 것을 이해하지 못하는 것 같았어요.
그래서 그녀가 날 데려가려고 할 때, 나는 항상 그녀를 데 와야 했어요.

Scene 6

Bella : Whenever Big Kitten went out at night, someone gave her food.
Cats love fish, but I wish someone would give her chicken.

벨라 : 큰 고양이가 밤에 외출할 때마다 누군가가 음식을 주었어요.
고양이들은 물고기를 좋아하지만 저는 누군가가 닭고기를 줄 수 있기를 바랬죠.

Scene 7

Bella : We kept each other warm. We were family now.

벨라 : 우리는 서로를 따뜻하게 지켰어요. 우리는 이제 가족이었습니다.

3. More Related Words

1) Big **Kitten's** mother couldn't **feed** her anymore, so, I did.

kitten

뜻 새끼 고양이

참고 kit: 새끼 고양이 (kitten의 축약형); 새끼 여우
sex kitten: (구어) 성적 매력이 있는 젊은 여자

예 Which is better as a pet, a puppy or a **kitten**?
애완동물로 뭐가 더 괜찮아? 강아지? 아니면 고양이?

feed

뜻 먹이를 주다; 밥[우유]을 먹이다

참고 feed somebody something (= feed something to somebody)
feed – fed – fed

예 Have you **fed** the cat yet?
고양이 밥 벌써 줬니?

2) So, I did what any mother **would** do. I went hunting.

would

뜻 '…였을[했을] 것이다' (일어날 수도 있었던 행동·사건에 대해 말할 때 씀)

참고 [법조동사] will의 과거형

예 I think it **would** be a nice time.
좋은 시간이 될 거야.

3) Many nights, Big Kitten would **wander** off on her own.

wander

뜻 (이리저리 천천히) 거닐다, 돌아다니다, 헤매다

예 She **wandered** aimlessly around the streets.
그녀는 거리를 정처 없이 돌아다녔다.

roam

뜻 걸어다니다, 돌아다니다, 거닐다, 배회하다

예 The sheep are allowed to **roam** freely on this land.

이 땅 위에서는 양들이 마음대로 돌아다니도록 내버려 둔다.

walk

뜻 걷다, 걸어가다, 도보로 가다

예 She generally **walks** to school.

그녀는 대개 걸어서 학교에 간다.

drift

뜻 표류하다, 떠돌다

예 Clouds **drifted** across the sky.

하늘에는 구름이 떠가고 있었다.

The empty boat **drifted** out to sea.

그 빈 보트는 바다로 떠내려갔다.

stroll

뜻 한가로이 거닐다, 산책하다

예 People were **strolling** along the beach.

사람들이 해변을 거닐고 있었다.

stray

뜻 길을 잃다, 옆길로 빗나가다, 일행에서 처지다, 헤매다, 방황하다

예 The puppy has **strayed** off from the kennel.

강아지가 개집에서 나가 길을 잃었다.

ramble

뜻 (특히 전원 속을) 걷다, 거닐다, 소요하다

예 We spent the summer **rambling** in Ireland.

우리는 아일랜드를 걸으며 여름을 보냈다.

I didn't **ramble**, I didn't **roam**.

나는 어슬렁거리지 않았다. 난 배회하지 않았다.

prowl

뜻 [동사] 동물이 (특히 먹이를 찾아 살금살금) 돌아다니다

예 The tiger **prowled** through the undergrowth.

그 호랑이는 관목 사이를 돌아다녔다.

4. Grammar

1) Agreeing with 'so' : (나도) 그래/그랬어

- so를 사용하여 동의를 표시할 때 주어와 동사의 어순을 바꾼다.[so + 동사 + 주어(어순 도치)]
- Big Kitten needed to eat, and so did I.

예문

① I am happy.	So am I. (○)	So I am. (×)
나는 행복해.	나도 그래.	
② I like to go hiking.	So do I.	
난 하이킹 가고싶다.	나도.	
③ I can swim.	So can I.	
난 수영할 수 있어.	나도 할 수 있어.	
④ I went to London.	So did I.	
난 런던에 갔어.	나도 갔었는데.	

2) such + 명사구 / so + 형용사 : 정말; 매우; 아주; 그렇게

- You're such a good dog, Bella. ➜ You're so good, Bella.
  넌 정말 착한 개야, 벨라. → 넌 정말 착해, 벨라.

예문

① Jane is such a beautiful girl. Jane is so beautiful.
제인은 정말 아름다운 소녀에요. 제인은 너무 아름다워.

② Tom is such a nice guy. Tom is so nice.
톰은 정말 좋은 사람이에요. 톰은 정말 친절해요.

③ This is such a wonderful place. This place is so wonderful.
이곳은 정말 멋진 곳입니다. 이곳은 너무 멋져요.

④ It was such a boring film. That film was so boring.
그것은 너무 지루한 영화였어요. 그 영화는 너무 지루했어.

⑤ That was such a touching speech. That speech was so touching.
그것은 정말 감동적인 연설이었습니다. 그 연설은 정말 감동적이었습니다.

3) 수여동사

give; write; buy; ask

- give : 주다[~에게 ~을 주다]

  give + IO + DO ➜ give + DO + to + IO
- wirte : 쓰다[~에게 ~을 쓰다]

  wirte + IO + DO ➜ wirte + DO + to + IO
- buy : 사주다[~에게 ~을 사주다]

  buy + IO + DO ➜ buy + DO + for + IO
- ask : 질문하다[~에게 ~을 질문하다]

  ask + IO + DO ➜ ask + DO + of + IO

예문 ① But I decided to see if they would give us food

그러나 나는 그들이 우리에게 음식을 줄 것인지를 알아보기로 했다.

② Give him a clap!

저분께 박수를 보냅니다.

③ Someone gave her food.

➜ Someone gave food to her.

누군가가 그녀에게 음식을 주었다.

④ My mother gave me a birthday present.

➜ My mother gave a birthday present to me.

엄마는 내게 생일선물을 사주셨다.

⑤ I wrote my friend a letter.

➜ I wrote a letter to my friend.

친구에게 편지를 썼다.

⑥ My uncle bought me a new bike.

➜ My uncle bought a new bike for me.

삼촌이 내게 새 자전거를 사주셨다.

⑦ My teacher always asks me difficult questions.

➜ My teacher always asks difficult questions of me.

선생님은 항상 내게 어려운 질문들을 한다.

4) **I wish, S + would**

- 보통 불가능한 일을 원할 때 사용함.
- I wish someone would give her chicken.

예문 ① I **wish** he **would** call me.
그가 나에게 전화를 했으면 좋겠어. (그럴 리는 없겠지만)
② I **wish** John **would** come.
존이 온다면 좋겠다. (그럴 리는 없겠지만)

5) **5형식 동사 : keep + O + OC (형용사 또는 현재분사 둘 다 가능)**
O(목적어)를 ~하게 하다

- We **kept each other warm**. 우리는 서로를 따뜻하게 지켰어요.

예문 ① I **kept myself warm**. 따뜻하게 무장했어.
② **Keep the stove burning**. 스토브를 계속 활활 타게 하세요.
③ **Keep yourself warm**. 몸을 따뜻하게 해
④ He has **kept us waiting** for three hours. 그는 우리를 3시간 동안 기다리게 했다.

5. Expressions

1) **So did I : 나도 그랬어.**

① Big Kitten needed to eat, and **so did I**.
큰 고양이는 먹을 것이 필요했고, 나도 필요했어요.
② A: I **stayed** at a hotel. 난 호텔에 있었는데.
B: **So did** I. 나도 호텔에 있었는데.

2) **go hunting : 사냥 가다**

go + ~ing : ~하러 가다.
① I **went hunting** last week. 지난주 **사냥을 갔었어요**.
② I like to **go fishing** this weekend. 이번 주말에 낚시하러 가고 싶어요.

③ Let's **go hiking** during the vacation. 우리 방학 때 등산 가자.

④ I don't like to **go sailing** with him. 나는 그와 함께 항해하는 것을 좋아하지 않는다.

3) **Drop it! : 두고 가! 떨어뜨려!**

① Hey! Hey! **Drop it!** 이봐, 그거 두고 가!

② **Drop the gun.** 총을 버려.

4) **wander off : 어슬렁어슬렁 돌아다니다**

① Big Kitten would **wander off on her own.**
큰 고양이는 혼자서 어슬렁어슬렁 돌아다녔어요.

② Do not **wander off** on your own. 너 혼자서 돌아다니지 마.

③ His story began to **wander off** the topic. 그의 이야기는 주제에서 점점 빗나가기 시작했다.

5) **on her own : 혼자(힘으로)**

① Big Kitten would wander off **on her own.**
큰 고양이는 혼자서 어슬렁어슬렁 돌아다녔다.

② I'm all **on my own** today. 내가 오늘은 아무도 없이 혼자이다.

③ He did it **on his own.** 그는 그것을 혼자 했다.

6) **many nights : (수)많은 밤(에)**

① He spent **many nights** searching for an answer.
그는 해답을 찾기 위해 많은 밤을 보냈다.

② How **many nights** will you be staying with us? 이곳에 몇 박 묵으실 건가요?

7) **dream of : ~에 대해 꿈을 꾸다**

① I would sleep and **dream of** home. 저는 잠이 들면 집 꿈을 꾸었어요.

② I **dream of him** from time to time. 가끔 그의 꿈을 꾼다.

8) **be ready for ~ : ~할 준비가 되다**

① You'**re ready for** your tiny piece of cheese? 작은 치즈 한 조각 먹을 준비됐어?

② The project will **be ready for** publication shortly. 그 프로젝트는 곧 발표될 것입니다.

9) **Here you go. : 여기 있어(요)**

① Here you go. Four copies, is that right? 여기 있습니다. 네 권, 맞죠?

10) **such a good dog : 정말 착한 강아지**

① You're such a good dog, Bella. 벨라, 넌 정말 착한 강아지야.

② We were having such a nice party. 우리는 정말 멋진 파티를 하고 있었어.

11) **As time passed : 시간이 지남에 따라.**

① As time passed, Big Kitten got bigger.
시간이 지남에 따라 큰 고양이는 점점 더 커졌어요.

② The situation worsened as time passed. 시간이 지나면서 상황은 악화되었다.

12) **take me away from it : 나를 그것으로부터 떼어놓다**

① When she tried to take me away from it, I would always have to bring her back.
그녀가 나를 그것으로부터 떼어놓으려고 할 때, 나는 항상 그녀를 다시 데려와야 했어요.

13) **whenever ~ : ~ 할 때마다**

① Whenever Big Kitten went out at night, someone gave her food.
큰 고양이가 밤에 나갈 때마다, 누군가 그녀에게 음식을 주었어요.

14) **I wish, S would : S가 ~하기를 바랬죠**

① I wish someone would give her chicken.
전 누군가 큰 고양이에게 닭고기를 주기를 바랬어요.

15) **keep each other warm : 서로 따뜻하게 감싸다**

① We kept each other warm. 우리는 서로를 따뜻하게 지켜주었습니다.

② I keep myself busy. 저는 바쁘게 지내고 있어요.

③ Keep this door open. 이 문을 열어두세요.

④ She kept her tea hot. 그녀는 차를 뜨겁게 달구었다.

6. Mission

영상 보기 https://youtu.be/87lqS4kQqgE 또는

1) 영상을 보며 빈칸을 채워보세요.

① [0:18-0:22] Big Kitten's mother couldn't _______ her anymore, so, I did.
큰 고양이 엄마는 더 이상 그녀에게 먹이를 줄 수 없었어요. 그래서 제가 해야 했어요.

② [0:50-0:52] Big Kitten needed to eat, and so ______ I.
큰 고양이는 먹을 것이 필요했고, 저도 그랬죠.

③ [0:53-0:54] So, I did what any mother _______ do.
그래서 전 어느 엄마라도 했을 일을 했죠.

④ [1:50-1:54] Many nights, Big Kitten would wander off _____ her own.
많은 밤을 큰 고양이는 혼자서 나가 돌아다녔죠.

⑤ [2:06-2:09] You're ready ______ your tiny piece of cheese?
작은 치즈 조각 먹을 준비됐어?

⑥ [2:15-2:18] You're _______ a good dog, Bella.
넌 정말 착한 강아지야, 벨라.

2) 밑줄 친 부분을 우리말로 해석해보세요.

⑦ [2:27-2:30] <u>As time passed</u>, Big Kitten got bigger.

⑧ [2:45-2:49] <u>Whenever</u> Big Kitten went out at night, someone gave her food.

3) 문장을 영어로 표현해보세요.

⑨ **[2:55-2:56]** 저는 누군가 그녀에게 닭고기를 주기를 바랬죠.

⑩ **[3:06-3:07]** 우리는 서로를 따뜻하게 지켜주었습니다.

학습정리

1. kitten 새끼 고양이
2. feed 먹이를 주다; 밥[우유]을 먹이다
3. would [법조동사] will의 과거형.
   '…였을[했을] 것이다' (일어날 수도 있었던 행동·사건에 대해 말할 때 씀)
4. wander (이리저리 천천히) 거닐다; 돌아다니다; 헤매다
5. roam 걸어 다니다; 돌아다니다; 거닐다; 배회하다
6. drift 표류하다; 떠돌다
7. stroll 한가로이 거닐다; 산책하다
8. stray 길을 잃다; 옆길로 빗나가다; 일행에서 처지다; 헤매다; 방황하다
9. ramble (특히 전원 속을) 걷다; 거닐다; 소요하다
10. prowl 동물이 (특히 먹이를 찾아 살금살금) 돌아다니다

WEEK
04

Hunted by Coyotes

학습목표

1. 영상에 나오는 주요 단어와 표현을 말할 수 있다.
2. 문장의 구조와 문법을 설명하고, 주요 표현들을 맥락 속에서 확장시킬 수 있다.
3. 학습한 단어와 표현들을 자유자재로 활용할 수 있다.

복습점검

1. 아래 빈칸에 들어갈 영단어를 쓰세요.

Big Kitten needed to eat, and so ______ I.
큰 고양이는 먹을 것이 필요했고, 저도 그랬죠.

2. 아래 빈칸에 들어갈 영단어를 쓰세요.

You're _______ a good dog, Bella. 넌 정말 착한 강아지야, 벨라.

3. 아래 빈칸에 들어갈 영단어를 쓰세요.

We kept each other ______. 우리는 서로를 따뜻하게 지켰습니다.

1. Introduction

1) **A Dog's Way Home (2018) - Hunted by Coyotes (3/10)**

2) **Situation(상황)**

벨라는 험난한 산중에서 야생 동물의 울음소리에 긴장하고, 코요테의 출연을 목격하게 된다. 본능적으로 벨라는 코요테로부터 큰 고양이를 보호하기 위해 격투를 벌이다 코요테 무리에 포위된다. 마침 지나던 사냥꾼들이 코요테 무리를 겁주어 도망치게 하고 벨라를 구출해준다. 사냥꾼들은 벨라를 캠핑장으로 데려와 먹을 것을 주고 벨라의 목에 걸려있는 이름표에서 루카스 레이(Lucas Ray)라는 이름과 전화번호를 발견하고 그 번호로 통화를 시도한다. 자동응답기에서 나오는 루카스의 음성을 듣고 벨라는 반가워하는데 그 순간 나타난 큰 고양이의 모습에 놀라 기겁하여 사냥꾼들은 핸드폰을 떨어뜨리고 도망쳐버린다. 벨라는 안타깝게도 루카스를 만날 수 있는 기회를 놓치게 된다.

2. Film Script

A Dog's Way Home (2018) - **Hunted by Coyotes** (3/10)

영상 보기 https://youtu.be/Te32eYR3jo4 또는

Scene 1

Bella : I had been smelling something all morning.
Something like dog.
First, I heard them. Then I saw them. Their eyes were cold.
They were hunting us.

♬ Music ♬

And I had to protect Big Kitten.

♬ Music ♬

벨라 : 오전 내내 무슨 냄새가 났어요.
개 냄새 같은.
먼저, 그들의 소리를 들었고, 그리고 그들을 보았어요. 그들의 눈은 차가웠죠.
우릴 사냥하고 있었어요.

♬ 음악 ♬

저는 큰 고양이를 보호해야만 했어요.

♬ 음악 ♬

Scene 2

Men : Hey! Get out! Get out of here! Scram! Get out!
Man 1 : Hey, check it out.
Man 2 : Is that a bobcat?
Man 1 : No, no, it's a cougar. It's a young cougar.

남자 : 이봐! 나가! 여기서 나가! 꺼져!

남자 1 : 이봐, 확인 해봐.

남자 2 : 밥켓인가?

남자 3 : 아니, 쿠거야 어린 쿠거야.

Scene 3

Bella : Big Kitten was afraid of the men who …
But I decided to see if they would give us food.

벨라 : 큰 고양이는 사람을 두려워했어요.
그러나 저는 그들이 우리에게 음식을 줄 것인지 보기로 했습니다.

Scene 4

Man 1 : Pretty scared to me. I've never seen a cougar in the wild before.
I mean this thing was huge. It was a 10 feet long.

Man 2 : Easy 12.

남자 1 : 꽤 무서웠어. 난 야생에서 쿠거를 본 적이 없어.
내 말은 이건 엄청났다는 거야. 길이가 10피트는 됐을걸.

남자 2 : 족히 12피트는 됐을 거야.

Scene 5

Man 1 : Yeah. Hey. Let's see if your name is on your tag, huh? Who's a good girl?

Man 2 : She's a cutie.

Man 1 : She is.

Man 3 : Want some ham? There's your ham. There you go. Sit. Oh, good girl.

남자 1 : 맞아. 이봐. 네 이름이 태그에 있는지 보자, 응? 누가 착한 소녀야?

남자 2 : 귀여워.

남자 1 : 정말 귀여워.

남자 2 : 햄 좀 먹을래? 햄 여기 있어. 여기 있어.
앉아. 오, 착한 것.

Scene 6

Man 1 : Her name is Bella.
Man 2 : Give me a paw. Good girl.
Man 1 : There you go. And there's a telephone number. "Lucas Ray."
Bella : Lucas?
Man 1 : I'm gonna call the guy.
Man 3 : Hey, guys, I think there's something moving out there.
Man 1 : Okay, it's going to voicemail.

남자 1 : 이름이 벨라야.
남자 2 : 발 좀 줘봐. 잘했어.
남자 1 : 여기 있다. 그리고 전화번호도 있는데. "루카스 레이."
벨라 : 루카스?
남자 1 : 내가 그 남자한테 전화할게
남자 3 : 이봐, 저기 뭔가 움직이는 것 같아.
남자 1 : 좋아, 음성사서함으로 연결되고 있어.

Scene 7

Voicemail : Hi. You've reached Lucas Ray …
Bella : That's him!
Voicemail : … assistant case manager at McLaren VA Hospital.
Please leave a message, if You're calling about my lost dog Bella …

음성 메일 : 안녕하세요, 루카스 레이 …
벨라 : 루카스다!
음성 메일 : … McLaren 재향군인 병원의 사례 담당자입니다.
메시지를 남겨주십시오. 저의 잃어버린 개 벨라 때문에 전화하셨으면 …

Scene 8

Man 2 : She's kind of freaking out.
Voicemail : Please, leave your number or call Olivia at 612-589-1743 …

Man 3 : What? - Cougar! Get in the truck!

Bella : Oh, God. I'm here, Lucas. I'm here. I'm here.

♬ Music ♬

남자 2 : 저 개가 흥분해서 가만히 있지를 못하네.

음성 메일 : 전화번호를 남겨주시거나 아니면 612-589-1743번으로 올리비아에게 전화해주세요.

남자 3 : 뭐? - 쿠거! 트럭에 타!

벨라 : 오, 맙소사. 저 여기 있어요, 루카스. 저 여기 있어요. 저 여기 있어요.

♬ 음악 ♬

3. More Related Words

1) Hunted by **coyotes**

coyote
coyotes

뜻 코요테(개과에 속하는 북미산 야생 동물)

예 Dogs, wolves, and **coyotes** belong to the same genus.
개와 늑대와 코요테는 같은 종에 속한다.

2) Get out of here! **Scram!** Get out!

scram

뜻 나가다; 달아나다; [명령문] 내 앞에서 꺼져!

예 **Scram**, you aren't wanted here. 나가거라, 네가 있으면 방해다.
Scram or I'll call the police. 꺼져 아니면 경찰을 부를거야.

3) Is that a **bobcat**?

bobcat

뜻 밥켓(북미산 야생 고양이과 동물); 시라소니

참고 A **bobcat** is an animal in the cat family which has reddish-brown fur with dark spots or stripes and a short tail. Bobcats live in North America. 밥켓은 고양이과의 동물로 어두운 반점이나 줄무늬가 있는 붉은 갈색 털과 짧은 꼬리를 가졌다. 밥켓은

bobcat

북미에 산다.
A young attractive woman who shows interest in older men.
나이든 남성에게 관심을 보이는 매력적인 젊은 여성

예 But only the cheetah, **bobcat**, lynx and puma can purr, while other wild cats like lions, tigers, leopards and jaguars do not.
하지만 치타와 밥켓, 살쾡이 그리고 퓨마 역시 그르렁거리는 반면 사자, 호랑이, 표범 그리고 재규어 같은 다른 야생 고양이들은 그르렁거리지 않아요.

4) It's a **cougar**. It's a young **cougar**.

cougar

뜻 쿠거(= puma, mountain lion, panther, snow leopard)

참고 A **cougar** is a wild member of the cat family. Cougars have brownish-grey fur and live in mountain regions of North and South America. In BRIT, use puma(= mountain lion, puma)
쿠거는 고양이과의 야생 동물이다. 쿠거는 갈색 회색 모피를 가지고 있으며 북미와 남미의 산악 지역에 산다. 영국에서는 퓨마라고 부른다.

예 I have never seen a **cougar**. 난 아직 쿠거를 본 적이 없다.
Cougars attack sheep and cows.
쿠거는 양과 소를 습격한다.

5) Pretty **scared** to me.

scare

뜻 겁먹다, 무서워하다 (→ scary)

예 So it was **scared** to me. 그래서 무서웠어.

frighten

뜻 겁먹게[놀라게] 만들다 (→ frightening)

예 Sorry, I didn't mean to **frighten** you.
미안. 놀라게 하려던 건 아니었어.
She doesn't **frighten** easily. 그녀는 쉽게 겁을 먹지 않는다.

terrify

뜻 (몹시) 무섭게[겁먹게] 하다 (→terrifying)

예 Admit it! You were **terrified!** 인정해! 넌 겁에 질려 있었어!
I'm **terrified** of losing you. 난 너를 잃을까 봐 두려워.

6) She's a **cutie**.

cutie

뜻 귀요미, 귀여운 사람

예 He's a real **cutie**. 그는 정말 귀여워.

7) Give me a **paw**.

paw

뜻 [명사] (동물의 발톱이 달린) 발 / [동사] 발로 긁다[건드리다]

예 The dog had hurt its **paw**. 그 개는 앞발을 다친 상태였다.
The dog **pawed** at my sleeve. 개가 발로 내 소매를 건드렸다.

8) She's kind of **freaking out**.

freak

뜻 기겁하다; 자제력을 잃다; 시끄럽게 떠들다; 흥분하다(두려움, 분노 또는 흥분과 같은 감정이 고조된 상태에 있거나 이를 초래하는 행위) [freak out]

예 Snakes really **freak** me out. 뱀을 보면 나는 정말 기겁을 한다.
She then went on to say that the students should go outside so they don't '**freak out**' inside the library where people should be quiet. 그런 뒤 그녀는, 학생들이 정숙을 지켜야 할 도서관에서 '자제력을 잃어서는 안 되며(시끄럽게 떠들어서는 안 되며)' 밖에 나가서 통화를 해야 한다고 말했다.

9) It's going to **voicemail**.

voicemail
voice mail

뜻 (전화기의) 음성 메시지 녹음 장치, 음성 메시지

예 He left me a **voicemail**. 그가 내게 음성 메시지를 남겼다.

10) You've reached Lucas Ray, **assistant case manager** at McLaren VA Hospital.

assistant case manager

뜻 보조 사례 관리자

예 She left her **assistant** in charge.
그녀는 조수에게 책임을 맡겼다.
She made him her **assistant**.
그녀는 그를 자기 조수로 지명했다[삼았다].

4. Grammar

1) Something like dog.

- something, anything, someone, anybody는 형용사가 뒤에서 수식한다.

예문 ① Give me **something** to do. 내게 어떤[무슨] 할 일을 줘요.
② I like **anything** spicy. 나는 매운 것이면 어떤 것이든 좋아.
③ I like the feel of the song, "**Someone** Like Me".
저는 'Someone Like Me' 노래 분위기를 좋아해요.
④ Is there **anybody** who can help me? 누구 날 도와줄 수 있는 사람 있어요?

2) But I **decided to see** if they would give us food.

- decided to V(동사원형)

예문 ① I've **decided to grow** my hair. 나는 머리를 기르기로 했다.
② He **decided to turn** himself in. 그는 자수를 하기로 결심했다.

3) You'**ve reached** Lucas Ray. 루카스 레이입니다.

- have + pp : 현재완료

예문 ① The strike has reached a deadlock. 파업이 교착 상태에 빠졌다.
② She had reached marriageable age. 그녀는 혼기가 되어[차] 있었다.

5. Expressions

1) **get out/get out of : (~에서) 떠나다; 나가다**

① **Get out!** Get out of here! 나가! 여기서 나가!
② You can shut up or **get out!** 너 입 다물어. 아니면 나가!
③ **Get out** of my sight! 내 눈 앞에서 사라져!
④ Let's **get out of** this place! 우리 이곳에서 나가자!
⑤ Let's **get out of** this place! 우리 이곳에서 나가자!

2) **check out : ~을 확인하다**

① Hye, **check it out**. 그것을 확인해봐.
② Hey, **check out** that car! 이봐, 저 차 좀 봐!
③ The police are **checking out** his alibi. 경찰이 그의 알리바이를 확인하고 있다.

3) **be afraid of ~ : ~을 두려워하다**

① Big Kitten **was afraid of** the men. 큰 고양이는 사람들을 무서워했다.
② **Are** you **afraid of** spiders? 넌 거미를 무서워하니?

4) **Pretty scared to me. : 아주/매우 무서웠어.**

① She looked pretty scared to me. 그녀는 나에게 꽤 무섭게 보였다.
② The game was pretty good. 그 경기는 꽤 괜찮았다.

5) **a 10 feet long : 10피트의 길이**

① It is about **10 feet long** and **5 feet wide**, with a small engine in the back, just like the original Volkswagon Beetle.
이 차는 길이 10피트 폭 5피트 정도의 차로, 원형(오리지널) 폭스바겐 비틀처럼 차 뒷

부분에 작은 엔진을 가지고 있다.

② It was a **10-foot-long** device he called 'Nell.'

그것은 그가 '넬'이라고 불렀던 10피트 길이의 기구였다.

6) **gonna : going to의 축약형**

① I'm gonna call the guy. 그 남자에게 전화를 걸게.

② I'm going to call the guy. 그 남자에게 전화를 걸게.

7) **leave a message. : 메세지를 남기다.**

① I'm out now. Please **leave a message**. 부재중입니다. 메시지를 남겨 주세요.

② Please **leave a message**, and I'll return your call.

메시지를 남겨 주시면 제가 전화드리겠습니다.

8) **call about : ~에 관해 전화하다**

① I'm **calling about** tomorrow. 내일 일 때문에 전화드렸습니다.

② I'm **calling about** my lease. 임대차 계약 때문에 전화했습니다.

③ I'm **calling about** the newspaper ad. 신문광고를 보고 전화드립니다.

④ I'm **calling about** the job interview. 면접 때문에 전화를 드렸습니다.

9) **kind of : 좀, 어느 정도**

① It was **kind of** scary, like. 좀 무서웠어, 뭐랄까.

② It's **kind of** creepy down in the cellar! 지하실에 내려가면 약간 으스스해!

10) **call at : ~로 전화하다.**

① If you have any questions, or if you would like to schedule an interview, please **call** me **at** the number given above.

의문 사항이 있으시거나 면접 일자를 정하시려면 위에 적힌 전화번호로 연락 주십시오.

11) **get in the truck : 트럭에 타다**

① She **got in** her car and drove off. 그녀가 차에 올라타더니 차를 몰고 갔다.

6. Mission

영상 보기 https://youtu.be/Te32eYR3jo4 또는

1) 영상을 보며 빈칸을 채워보세요.

① **[0:00-0:07]** I had ______ smelling something all morning. Something _____ dog.
아침 내내 어떤 냄새가 났어요. 개 냄새 같은 것.

② **[1:32-1:37]** Is that a bobcat? No, no, it's a cougar. It's a young cougar.
저건 밥캣인가? 아니 쿠거야. 새끼 쿠거.

③ **[1:42-1:45]** But I decided to see ______ they would give us food.
그러나 나는 그들이 우리에게 음식을 줄 것인지를 알아보기로 했어요.

④ **[1:50-1:53]** I mean this thing was huge. It was a 10 ______ long.
내 말은 이게 엄청났다는 거야. 길이가 10피트는 됐어.

⑤ **[1:56-1:59]** Let's see if your name is ______ your tag, huh?
네 이름이 태그에 있나 보자, 응?

⑥ **[2:17-2:18]** I'm ______ call the guy.
내가 이 남자에게 전화할게.

2) 아래 밑줄 친 부분을 우리말로 해석해보세요.

⑦ **[1:46-1:47]** Pretty scared to me.

⑧ **[2:34-2:35]** She's kind of freaking out.

3) 문장을 영어로 표현해보세요.

⑨ **[1:39-1:41]** 큰 고양이는 그 남자들을 두려워했어요.

⑩ **[2:35-2:39]** 메시지를 남겨 주세요. 아니면 올리비아 번호 612-589-1743로 전화해 주세요.

학습정리

1. coyote	코요테(개과에 속하는 북미산 야생 동물)
2. scram	도망하다; (급히) 떠나다; [명령문] (썩) 꺼져라; 도망해라
3. bobcat	밥켓(북미산 야생 고양이과 동물); 시라소니
4. cougar	쿠거; 표범 (= puma, mountain lion, panther, snow leopard)
5. paw	[명사] (동물의 발톱이 달린) 발 / [동사] 발로 긁다[건드리다]
6. scare	겁먹다; 무서워하다 (→ scary)
7. frighten	겁먹게[놀라게] 만들다 (→ frightening)
8. terrify	(몹시) 무섭게[겁먹게] 하다 (→ terrifying)
9. cutie	귀요미; 귀여운 사람
10. freak	기겁하다 [freak out 자제력을 잃다; 시끄럽게 떠들다]; 흥분하다(두려움, 분노 또는 흥분과 같은 감정이 고조된 상태에 있거나 이를 초래하는 행위)
11. voicemail/voice mail	(전화기의) 음성 메시지 녹음 장치; 음성 메시지
12. assistant case manager	보조 사례 관리자

WEEK

05

Fun in the Snow

학습목표

1. 영상에 나오는 주요 단어와 표현을 말할 수 있다.
2. 문장의 구조와 문법을 설명하고, 주요 표현들을 맥락 속에서 확장시킬 수 있다.
3. 학습한 단어와 표현들을 자유자재로 활용할 수 있다.

복습점검

1. 아래 문장 중 잘못된 것을 고르세요.

① Give me something to do.
② I like spicy anything.
③ I like the feel of the song, "Someone Like Me".
④ Is there anybody who can help me?

2. 아래 문장 중 잘못된 것을 고르세요.

① I've decided growing my hair.
② The strike has reached a deadlock.
③ I won't leave you.
④ Let's get out of this place!

3. 아래 문장 중 잘못된 것을 고르세요.

① She looked pretty scared to me.
② It was a 10-foot-long gun.
③ I'm gonna call the police.
④ Give a clap him!

학습내용

1. Introduction

1) **A Dog's Way Home (2018) - Fun in the Snow (4/10)**

2) **Situation(상황)**

유달리 흰 눈을 좋아하는 벨라는 눈이 내리자 신나서 뛰어나간다. 배경음악으로 래니 존스(Laney Jones)의 "바로 뛰어들어(Jump Right In)" 노래가 생동감을 더해 주고, 큰 고양이와 빙판 위에서 함께 뒹굴며 우정을 나누는 모습은 눈처럼 순수하고 행복해 보인다. 험난한 여정 속에서 잠시라도 이러한 행복을 느끼는 벨라를 바라보며 영화를 보는 이들은 벨라를 꼭 구해 주고 싶은 마음을 갖게 한다. 꽁꽁 얼어붙은 미끄러운 통나무 다리를 건너야 하는 벨라, 먼저 건너가서 "조심해서 건너와."라고 말하는 듯한 큰 고양이의 표정, 아슬아슬 통나무 다리를 건너면서 다리 밑을 내려다보는 벨라의 표정, 그리고 마침내 성공적으로 다리를 건너는 벨라의 연기가 돋보이는 장면이다.

2. Film Script

A Dog's Way Home (2018) - Fun in the Snow (4/10)

영상 보기 https://youtu.be/VqZAfqVCEnk 또는

Scene 1

Bella : It's Snow. Do Your Business!

벨라 : 눈이 와. (서둘러) 네 일을 해!

Scene 2

♬ Jump Right In - Laney Jones ♬

hear the thunder
it's rolling, it's rolling
it calls from far away
hear your heart
it's beating, it's beating
the easy rhythm it plays

♬ 바로 뛰어들어 - 래니 존스 ♬

천둥소리가 들려
으르렁 쿵쾅, 으르렁 쿵쾅
(아주) 멀리서 들려

네 심장 소리를 들어봐
뛰고 있는 심장의 고동 소리를
그 소리가 연주하는 쉬운 리듬을 (들어봐!)

Scene 3

♬

pressing on to the journey ahead
we do it all over again
and if you're holding back
jump right in

앞길을 재촉하여 나아가
처음부터 다시 시작하는 거야
만약 (네가) 망설이고 있다면
바로 뛰어들어

Scene 4

♬

you can't fly without falling
you can't run without crawling
you can't sing without making a sound
so breathe in and let it out
jump right in

떨어지지 않고서는 날 수 없어
기어 다니지 않고는 달릴 수 없어
소리를 내지 않고는 노래를 부를 수 없어
그러니 숨을 들이쉬고 내쉬어
바로 뛰어들어

Scene 5

♬

whoa
(whoa) jump right in
whoa
(whoa) jump right in

whoa
whoa
so breathe in and let it out
jump right in

워우
(워우) 바로 뛰어들어
워우
(워우) 바로 뛰어들어
워우
워우
그러니 숨을 들이쉬고 내쉬어
바로 뛰어들어

Scene 6

Bella : She acted like that was easy.

벨라 : 그녀는 그것이 쉬운 것처럼 행동했다.

Laney Jones(1991~)

Laney Jones is a Nashville based singer-songwriter and performer. Jones grew up in central Florida among kangaroos (that her parents raised) playing chess, basketball, and working at the local community theaters. Jones has always had a sense of wonder about life that is reflected in her music, whether it be for television and film or her own national touring band.

래니 존스는 내슈빌에 기반을 둔 싱어송라이터 겸 연주자다. 존스는 플로리다 중부에서 체스와 농구를 하고, 지역사회 극장에서 일하며, (부모님이 키우는) 캥거루들과 놀면서 자랐다. 그녀는 항상 인생에 대해 경이로움을 가지고 있었는데, 이러한 감각은 텔레비전과 영화를 위한 일이든 또는 자신의 전국 투어 밴드 때든 그녀의 음악에 잘 반영되어 있다.

3. More Related Words

1) Hear the **thunder**.

thunder

뜻 [명사] 천둥, 우레, 천둥[우레]같은 소리
[동사] 천둥이 치다

예 **Thunder** rolled. 천둥이 으르렁거렸다.
A clap/crash/roll of **thunder** 한바탕 우르르 쾅 하는 천둥소리
A voice **thundered** in my ear.
으르릉거리는 듯한 목소리가 내 귀에 들려왔다.
Thunder crashed in the sky.
하늘에서는 천둥이 요란한 소리를 냈다[으르릉거렸다].

2) It's **rolling**.

rolling

뜻 1. (산간·시골 지역이) 완만하게 경사진; 구릉으로 된
rolling hills (완만하게 경사진 언덕)
2. (장기간에 걸쳐) 규칙적인 단계로 이뤄진
a **rolling** program of reform
규칙적인 단계로 이뤄진 개혁 프로그램
*program/programme: programmed instruction
프로그램 학습법에 의한 교수

예 It is **rolling**.
그것은 굴러가고 있어요. / 천둥이 으르렁 쿵쾅거리고 있어요.
It is **rolling** to the woods. 그것은 숲으로 굴러가고 있어요.
A **rolling** stone gathers no moss.
구르는 돌에는 이끼가 끼지 않는다. [사는 곳·직장 등을 자주 옮기는 사람은 돈·재산·친구 등을 모으기 힘들지만 책임 같은 것에는 얽매이지 않을 수 있음을 나타냄.]
get/set/start/keep the ball rolling
일을 시작하다; 계속 진행시키다

3) It's **beating**.

beating

뜻 V + **beating** : (북 등을) 침, 울림; (심장의) 고동; (날개의) 퍼덕거림

예 He could hear the **beating** of his own heart.
그는 자신의 심장 고동 소리를 들을 수 있었다.
He **beat** me at chess. 그가 체스에서 나를 이겼다.
You look dead **beat**. 너 피곤해 죽겠는 모양이구나.
He was **beaten** senseless. 그는 맞아서 의식을 잃었다.

4) You can't run without **crawling**.

crawling

뜻 엉금엉금 기다, 기어가다

예 Our baby is just starting to **crawl**.
우리 아기는 이제 막 기기 시작해요.
The weeks **crawled** by. 그 몇 주가 몹시 느리게 지나갔다.
She's always **crawling** to the boss.
그녀는 항상 사장에게 굽실거린다.

5) **Whoa**

whoa

뜻 [감탄사] 워(말 등을 세울 때 내는 소리)
When one extremely gets excited and is overwhelmed with a pant full of shit and yells.
고함을 지르며 극도로 흥분하고 헐떡일 때 내는 소리

예 **Whoa**, the clubs at your school are cool!
와, 너희 학교의 동아리들은 멋지다!
Whoa, you are jumping far too ahead right now.
너 지금 너무 앞서서 생각하는 거 같아.
Whoa, easy there my friend.
우와, 진정해 친구.

4. Grammar

1) the easy rhythm (**which**) it plays → 목적격 관계대명사 생략

예문 ① This is the book **which** I read yesterday.
이것이 내가 어제 읽었던 책이다.
② The fish **which** John caught was very big.
존이 잡았던 물고기는 굉장히 컸다.
③ The girl **that** Susan teaches English is my sister.
수잔이 영어를 가르치고 있는 소녀는 내 여동생입니다.

2) **It**'s **snow.**
- 날씨를 나타낼 때 무생물 주어 it을 쓴다.

예문 ① **It**'s cold, isn't it? 춥지?
② **It** rains. 비가 온다.
③ **It** snows hard. 눈이 많이 온다.
④ Wow, **it's** snowing. 눈이 오네.
cf. It is (as) white as snow. or It is snow-white. 그것은 마치 눈처럼 희다.

3) 전치사 like
- …와 (똑)같이 [마찬가지로], …처럼

예문 ① She acted **like** that was easy.
그녀는 쉬운 일처럼 행동했다.
② Don't act **like** that's so terrible.
그게 엄청 끔찍하다는 듯이 행동하지 마.
③ Students were angry at being treated **like** children.
학생들은 아이처럼 취급당하는 것에 화가 났다.

4) whether **A** or **B**
• A든 B든

예문 ① **whether** it be for television and film **or** her own national touring band
텔레비전과 영화를 위한 일이든, 아니면 그녀 자신의 전국 순회 밴드 때든
② So in all of the examples, **whether** we went from A to B **or** C to D, we had a $1 drop in price.
우리가 A에서 B로 가든 또는 C에서 D로 가든, 모든 예제에서 1달러의 하락이 있었습니다.

5. Expressions

1) **Jump Right In : 바로 뛰어들어**

① If you want to sing, **jump right in**. 만약 네가 노래하고 싶다면 지금 바로 해봐.
② I guess we should **just jump right in**? 내 생각에 우리 바로 시작해야 할 것 같은데?
③ Or **jump right in**? 아니면 바로 들어갈까요?

2) **It's snow. : 눈이다**

① **It** snows. 눈이 온다.
② **It** rains. 비가 온다.
③ **It's** raining a lot. 비가 많이 내린다.
④ **It's** windy. 바람이 불어요.

3) **Do your business! : 너의 일을 해!**

① Hurry up and **do your business**. 서둘러 네 일을 해라.

4) **press on : (단호하게) 밀고 나가다; 서둘러 나아가다**

① **pressing on** to the journey ahead 앞길을 재촉하는
② **Press on** with your initial aim. 네 초기 목표를 강행해라.

③ "Shall we stay here for the night?", "No, let's **press on**."
"오늘 밤은 여기서 지낼까?", "아냐, 서둘러 나아가자구."

④ I felt something **pressing on** my chest. 무언가가 가슴을 압박하는 것을 느꼈다.

⑤ The team kept marching[**pressing**] **on** with its undefeated record.
그 팀은 무패 행진을 이어 갔다.

⑥ He left on urgent[**pressing**] business. 그는 바쁜 용무로 떠났다.

⑦ Please **press on** the hearts. 다 같이 하트를 눌러주세요.

5) **hold back : (감정을) 누르다[참다]; 억제하다**

① He could no longer **hold back** his tears. 그는 더 이상 눈물을 참을 수가 없었다.

② If this is one of the reasons you're **holding back**, you'll likely be able to come up with clear ideas as to why you feel so afraid.
만일 이것이 당신이 주저하고 있는 이유라면 왜 당신이 그렇게 두려워하는지에 관한 분명한 생각들을 떠올릴 수 있을 것이다.

6) **breathe in and let it out : 숨을 들이쉬고 내뱉다**

① **Breathe in and out**. 숨을 들이쉬고 내쉬다.

② He **breathed in** the frosty air. 그는 차가운 공기를 들이마셨다.

③ **Just let it out!** 속 시원하게 이야기 좀 해 봐요!

④ But when you want to cry, just cry. **Let it out**.
울고 싶을 때는 그냥 펑펑 우세요. 속 시원하게 (속내를 털어놓으세요).

6. Mission

영상 보기 https://youtu.be/VqZAfqVCEnk 또는

1) 영상을 보며 빈칸을 채워보세요.

① **[0:03-0:06]** It's Snow. Do ______ Business!
눈이 와. 네 할 일을 해!

② **[0:09-0:15]** hear the _________, it's rolling, it's rolling, it _____ from far away.
천둥소리가 들려, 으르렁 쿵쾅, 으르렁 쿵쾅, 멀리서 들려.

③ **[0:17-0:24]** hear your heart, it's ________, it's _______, the easy _______ it plays.
네 심장 소리를 들어봐, 뛰고 있는 심장의 고동 소리를, 그 소리가 연주하는 쉬운 리듬을.

④ **[0:26-0:38]** pressing ___ to the journey ahead, we do it ____ over again and if you're _______ back, jump right in.
앞길을 재촉하여 나아가, 처음부터 다시 시작하는 거야 만약 망설이고 있다면, 바로 뛰어 들어.

⑤ **[0:39-0:50]** you can't ____ without falling, you can't run without ________, you can't sing without _______ a sound.
떨어지지 않고서는 날 수 없어, 기어 다니지 않고는 달릴 수 없어 소리를 내지 않고는 노래를 부를 수 없어.

⑥ **[0:51-0:57]** so ________ in and let it _____, jump right in, ______, jump right in.
그러니 숨을 들이쉬고 내쉬어, 바로 뛰어들어, 워우.

2) 밑줄 친 부분을 우리말로 해석해보세요.

⑦ **[0:26-0:29]** <u>Pressing on</u> to the journey ahead

⑧ **[0:04-0:06]** Hurry up and <u>do your business</u>.

3) 문장을 영어로 표현해보세요.

⑨ **[1:09-1:11]** 숨을 들이쉬고 내쉬어라.

⑩ **[1:34-1:36]** 그녀는 그것이 쉬운 것처럼 행동했다.

학습정리

1. thunder	[명사] 천둥; 우레; 천둥[우레]같은 소리 [동사] 천둥이 치다
2. rolling	(산간·시골 지역이) 완만하게 경사진; 구릉으로 된; (천둥이) 으르렁거리는
3. beating	v + beating: (북 등을) 침; 울림; (심장의) 고동; (날개의) 퍼덕거림
4. crawling	엉금엉금 기는; 기어가는
5. whoa	[감탄사] 워(말 등을 세울 때 내는 소리)
6. breathe	호흡하다; 숨을 쉬다
7. singer-songwriter	가수 겸 작곡[작사]가
8. performer	(쇼·음악회 등에서 공연·연기·연주하는) 연기자[연주자]
9. kangaroo	캥거루 (복수형) kangaroos
10. chess	체스 playing chess

WEEK
06

The Avalanche

학습목표

1. 영상에 나오는 주요 단어와 표현을 말할 수 있다.
2. 문장의 구조와 문법을 설명하고, 주요 표현들을 맥락 속에서 확장시킬 수 있다.
3. 학습한 단어와 표현들을 자유자재로 활용할 수 있다.

복습점검

1. 아래 문장 중 which의 쓰임이 다른 것을 고르세요.

① This is the book which I read yesterday.
② The fish which John caught was very big.
③ Cancer is a disease which often leads to death.
④ The book which you bought me was really easy to understand.

2. 아래 문장 중 it의 쓰임이 다른 것을 고르세요.

① It's cold, isn't it?
② It is as white as snow.
③ It's snowing.
④ It rains.

3. 아래 문장 중 like의 쓰임이 다른 것을 고르세요.

① How would you like it?
② She acted like that was easy.
③ It looks like rain.
④ Students were angry at being treated like children.

1. Introduction

1) **A Dog's Way Home (2018) - The Avalanche (5/10)**

2) **Situation(상황)**

하얀 눈으로 뒤덮인 산에서 큰 고양이와 뛰놀던 벨라는 다른 개(Dutch)를 발견하고 반가워 다가가다 그 개가 짖어대는 바람에 의도하지 않게 눈사태를 일으키게 된다. 눈 속에 파묻혔다가 가까스로 헤집고 나온 벨라는 다른 개의 두려움을 냄새 맡을 수 있었고, 바로 달려가서 그 개와 함께, 눈 속에 파묻힌 개의 주인을 구해낸다. 스키어(Skier)가 달려와서 개 주인이 아직 숨을 쉬는 것을 발견하고 급히 911로 신고한다. 구조대가 도착하여 개 주인을 병원으로 이송한다. 그리고 두 마리의 개는 스키어들이 데리고 가게 되는데 벨라는 큰 고양이를 산속에 혼자 두고 가는 것이 못내 걱정스럽고 아쉬워하며 어쩔 수 없이 끌려간다.

2. Film Script

A Dog's Way Home (2018) - The Avalanche (5/10)

영상 보기 https://youtu.be/YfKjUgN_RcY 또는

Scene 1

Bella : A dog!
It's been so long since I played with a dog.

– The Avalance –

벨라 : 강아지가 있네!
강아지랑 놀아본 지 너무 오래됐어.

– 눈사태 –

Scene 2

Man 1 : Dutch, what are you barking at?
Hey. Be quiet. Come on! Shut up! Dutch! You stupid mutt! Dutch

남자 1 : 더치, 뭘 보고 짖는 거야?
야. 조용히 해. 어서! 닥쳐! 더치! 멍청한 녀석! 더치!

Scene 3

Skier 1 : Get out of there!
Man 1 : Dutch!

♬ Music ♬

스키어 1 : 거기에서 나가!
남자 1 : 더치!

♬ 음악 ♬

Scene 4

Bella : I could smell the fear of the other dog.

벨라 : 저는 다른 개의 두려움을 느낄 수 있었어요.

Scene 5

Skier 1 : He must be down here. He must be gone!
These are his dogs.
Here! Here!
Is he breathing? Come on. Call 911.

스키어 1 : 여기 있는 게 틀림없어. 그는 (눈사태로) 파묻혀 버렸나 봐!
이 개들은 그의 것이야.
여기! 여기!
그가 숨을 쉬고 있나요? 어서. 911에 전화해.

Scene 6

Rescuers : Okay, head up.
Skier 1 : Is he gonna make it?
Woman : Yeah. You saved his life.
Skier 2 : What about the dogs? These are his.
Woman : I mean, I guess that's up to you guys.
We can call Animal Control for you, but we can't wait for them. Sorry, guys. Good luck.

구조대원 : 좋아, 머리 먼저.
스키어 1 : 그가 살 수 있을까요?
여자 : 예. 당신이 그를 살렸어요.
스키어 2 : 이 개들은 어쩌죠? 그의 개들이에요.
여자 : 글쎄요, 그건 당신들에게 달려 있어요.
동물관리팀을 호출해줄 수는 있어요. 그러나 우리는 그들이 올 때까지 기다릴 수는 없습니다. 미안해요. 행운을 빕니다.

Scene 7

Skier 1 : I guess they go with us. Come on, dogs.
Bella : Big Kitten!
Skier 1 : Come on. Come on.
Bella : Don't take me away from her.
She needs me.
Skier 1 : Come on, dogs. Come on.
Bella : No.
Skier 1 : Come on. Come on.
Bella : Please.

스키어 1 : 우리랑 같이 가는 것 같아.
벨라 : 큰 고양이는 어떡하고!
스키어 1 : 어서. 어서.
벨라 : 날 그녀에게서 떼어놓지 마요.
그녀는 제가 필요해요.
스키어 1 : 어서, 개들아. 어서.
벨라 : 싫어요.
스키어 1 : 어서. 어서.
벨라 : 제발요.

3. More Related Words

1) The **Avalanche** scene

avalanche

뜻 눈/산사태

예 The **avalanche** forced its way down the mountain, crushing everything in its path.
그 눈사태는 산 아래로 밀고 내려가며 가는 길에 걸리는 모든 것을 박살내 버렸다.

snowslide

뜻 눈사태

예 The **snowslide** happened suddenly. 눈사태가 갑자기 일어났다.

landslide

뜻 산사태; (선거에서) 압도적인 득표[승리]

예 The cottage was partly destroyed by the **landslide.**
그 시골집은 산사태로 반파(半破)되었다.
The rain caused a **landslide**.
비가 와서 산사태가 일어났다.
She was expected to win by a **landslide**.
그녀가 압도적인 득표로 이길 것으로 예상되었다.
The mayor won a **landslide** victory in the election.
시장은 그 선거에서 대승리를 거두었다.
Our team won by **landslide**. 우리 팀이 압도적인 차로 이겼다.

landslip

뜻 (보통 **landslide**보다 작은 규모의) 산사태

예 The **landslip** blocked all the transportation facilities.
사태가 나서 교통이 마비되었다.

2) What are you **barking** at?

barking

뜻 [형용사] (잘) 짖는; 정신이 이상한
[명사] [U] 짖는 소리; 심한 기침; [구어] 호통

예 **Barking** dogs seldom bite. 짖는 개는 잘 물지 않는다.
I could hear a dog **barking**. 개 짖는 소리가 들렸다.
The dog suddenly started **barking** at us.
개가 갑자기 우리를 보고 짖기 시작했다.

3) You stupid **mutt**!

mutt

뜻 (특히 잡종인) 개 (= mongrel); 바보; 얼간이
《경멸적》 똥개; 범인; 용의자

mutt

예 Is this dog a purebred or a **mutt**?
이 개는 순종입니까 아니면 잡종입니까?

4) Is he **breathing**?

breathe

뜻 호흡하다; 숨을 쉬다

예 Lie flat and **breathe** deeply. 반듯이 누워 심호흡을 해라.
He was **breathing** shallowly. 그는 숨을 얕게 쉬고 있었다.

5) **skier**

skier

뜻 스키 타는 사람; 스키어

예 downhill **skier**: 활강 스키선수
She's a good **skier**. 그녀는 스키를 잘 탄다.
She is a two-time World Cup champion **skier**.
그녀는 월드컵 대회에서 두 번 우승한 스키선수다.

6) Call **911**.

Call 911

뜻 (미국) 긴급 서비스를 통해 911 번호로 전화를 걸어 강제 대피를 알리는 전화.

예 If you require emergency treatment, please call **911** or go to the emergency room at St. John's Hospital, which never closes.
응급 처치가 필요하시면, 911에 전화하시거나 연중무휴인 성 존스 병원의 응급실로 가십시오.

4. Grammar

1) since 앞에 현재완료형 : have pp + since

예문 ① It's **been** so long **since** I played with a dog.
개와 놀아본 지 아주 오래되었다.
② The rebels **have waged** a guerrilla war **since** 2001.
반란군들은 2001년 이후로 게릴라전을 벌여 왔다.
③ These machines **have lain** idle **since** the factory closed.
이 기계들은 공장이 폐쇄된 이후로 계속 놀고 있다.

2) must

- 의무; 추측; 금지; 불필요를 뜻하는 조동사

예문 [의무]
① We **must** do something. 우리는 뭔가 해야만 해.
② You **must** stop. 너는 멈춰야만 해.

[추측]
① He **must** be gone! 그는 죽은 것이 틀림없어!
② She **must** be sick. 그녀는 아픈 게 틀림없어.
↔ She **can't** be sick. 그녀는 아플 리가 없어.

주의 must: '틀림없다'는 추측의 반대로 '그럴 리 없다'는 must not이 아니라, **can not**임.

[금지]
① You **must** not park here. 여기에 주차하면 안 돼요.
② You **must** not take a photo here. 여기서 사진을 찍으면 안 돼요.

[불필요]
① You **don't have to** buy new books. 새 책을 살 필요 없어요.

3) 소유격 대명사 his

예문 ① These are **his**. 이 개들은 그의 것이다.

② This is **my** dress. 이것은 나의 드레스이다.

→ This is **mine**. 이것은 나의 것이다.

③ That is **your** violin. 저것은 너의 바이올린이다.

→ That is **yours**.

④ These are **his** shoes. 이것은 그의 신발이다.

→ This is **his**. 이것은 그의 것이다.

⑤ Those are **her** gloves. 저것은 그녀의 장갑이다.

→ Those are **hers**. 저것은 그녀의 것이다.

⑥ **Susan** Are those **their** hats? 저것들은 그들의 모자니?

Jane Yes, they are **theirs**. 응, 그들의 것이야.

⑦ **John** Are these **our** bags? 이것들은 우리 가방이니?

Tom Yes, they are **ours**. 응, 그것들은 우리 것이야.

⑧ This is **Harry's** car. 이것은 해리의 차이다.

→ This car is **Harry's.** 이 차는 해리의 것이다.

⑨ These are **Dad's** glasses. 이건 아빠의 안경이야.

→ The glasses are **Dad's**. 그 안경은 아빠의 것이야.

5. Expressions

1) **play with : ~와 놀다**

① It's been so long since I **played with** a dog. 개와 놀아본 지 너무 오래되었어.

2) **bark at : ~에게 짖어대다**

① What are you **barking at**? 무엇에 (그렇게) 짖어대는 거야?

② He **barks at** everyone. 사람만 보면 짖어요.

③ Ray is **barking at** another dog. 레이가 다른 개를 보고 짖고 있어요.

3) **Hey. Be quiet. Come on! Shut up! Dutch! You stupid mutt!**

① **Hey**, dude, what's up? 야 인마, 무슨 일이야?

② **Be quiet** and get on with your work. 조용히 하고 일이나 계속해.

③ Aw, **come on**, Andy! 에이 어서 해, 앤디야!

④ Just **shut up** and listen! 그냥 입 다물고 들어 봐!

⑤ Shut the hell up, **you stupid mutt**! 입 좀 다물어 멍청한 똥개자식아!

4) **I could smell ~**

① I **could smell** the fear of the other dog. 다른 개의 두려움을 냄새 맡을 수 있었다.

② I **could smell** the subtle fragrance of her perfume.
그녀에게서 은은한 향수 냄새가 풍겼다.

③ I **could hear** the sound of clapping from the other room.
다른 방에서 박수 치는 소리가 들렸다.

5) **going to → gonna : going to의 축약형**

① I'm **going to** call the guy. → I'm **gonna** call the guy. 그 남자한테 전화할게.

6) **be up to ~ : ~에 달려 있다**

① That's **up to** you. 그것은 당신에게 달려 있어요. 당신이 알아서 하세요.

② That's right! Going to college should **be up to** individual choices!
맞습니다! 여러분 대학은 선택이 돼야 해요!

7) **take me away from her**

① Don't **take me away from her**. 나를 그녀에게서 떼어놓지 마세요.

② Then one day my dad came and **took me away from her**.
어느 날, 아버지가 와서 나를 그녀에게서 멀어지게 데려갔다.

6. Mission

영상 보기 https://youtu.be/YfKjUgN_RcY 또는

1) 영상을 보며 빈칸을 채워보세요.

① **[0:11-0:13]** It's been so long ________ I played with a dog.
개와 놀아본 지 너무 오래되었어.

② **[0:20-0:21]** What are you barking ____?
무엇에 (그렇게) 짖어대는 거야?

③ **[1:43-1:44]** I could smell the fear ___ the other dog.
다른 개가 두려워하는 냄새를 맡을 수 있어.

④ **[2:02]** Is he __________?
그는 숨을 쉬고 있나요?

⑤ **[2:09-2:10]** Is he ________ make it?
그가 해낼까?

⑥ **[2:17-2:20]** We can call Animal Control for you, but we _____ wait for them.
당신을 위해 동물 관리소에 전화를 걸어줄 수는 있지만, 그들이 올 때까지 기다릴 순 없어요.

2) 밑줄 친 부분을 우리말로 해석해보세요.

⑦ **[0:32-0:49]** Bella finds another dog and <u>inadvertently</u> causes disaster.

⑧ **[2:12]** You <u>saved his life</u>.

3) 다음 문장을 영어로 표현해보세요.

⑨ **[2:15-2:16]** 그것은 당신에게 달려 있다고 생각해요.

⑩ **[2:33-2:34]** 부탁이에요, 나에게서 그녀를 떼어놓지 마세요.

학습정리

1. avalanche	눈사태
2. snowslide	눈사태
3. landslide	산사태
4. landslip	(보통 landslide보다 작은 규모의) 산사태
5. barking	(개가) 짖어대는
6. mutt	(특히 잡종인) 개 (= mongrel); 바보; 얼간이
7. purebred	순종
8. breathe	호흡하다; 숨을 쉬다
9. breathing	숨을 쉬는
10. shallowly	얕게
11. downhill skier	활강 스키선수
12. 911	[미국] 긴급 전화번호; 비상구조번호
13. Animal Control	동물관리소
14. inadvertently	무심코; 우연히; 본의 아니게; 의도하지 않게; 실수로

WEEK
07

OST : Together From Afar

학습목표

1. 영상에 나오는 주요 단어와 표현을 말할 수 있다.
2. 문장의 구조와 문법을 설명하고, 주요 표현들을 맥락 속에서 확장시킬 수 있다.
3. 학습한 단어와 표현들을 자유자재로 활용할 수 있다.

복습점검

1. 빈칸에 들어갈 영단어를 쓰세요.

It's been so long ______ I played with a dog.
개와 놀아본 지 아주 오래되었어요.

2. 빈칸에 들어갈 영단어를 쓰세요.

He ______ be gone! 그는 죽은 것이 틀림없어!

3. 빈칸에 들어갈 영단어를 쓰세요.

Those are ______. 저것은 그녀의 것이다.

학습내용

1. Introduction

1) **A Dog's Way Home (2018) - Together From Afar**

OST: Together From Afar (with lyrics) - How To Train Your Dragon: The Hidden World

2) **Situation(상황)**

큰 고양이와 벨라가 함께 우정을 확인하고 서로 애정을 표현하며 얼음판에서 뛰어노는 장면이 아름답게 묘사된다. 아이슬란드 출신 뮤지션인 존시(Jónsi)가 부르는 Together From Afar(멀리서 함께)가 배경음악으로 울려 퍼진다. 이 노래는 How to Train Your Dragon: The Hidden World(드래곤 길들이기 3)의 OST로도 유명한 곡이다. OST 가사를 통해 벨라와 큰 고양이는 함께 있어 행복하지만, 곧 아쉬운 이별을 할 거라는 것을 예측할 수 있다.

2. Film Script

A Dog's Way Home (2018) - Together From Afar

OST Together From Afar (How to Train Your Dragon: The Hidden World)
Artist Jónsi
Album How to Train Your Dragon: The Hidden World (Original Motion Picture Soundtrack)

영상 보기 https://https://youtu.be/8Zr8MQQ0vEk 또는

음악 듣기 https://youtu.be/LflZcvxpFR8 또는

Scene 1

♬ Together From Afar - Jónsi ♬

[Verse 1]

You and I, we've been through it all
Is it time to say goodbye?
Dry your eyes

[Chorus]

♬ 멀리서 함께 - 존시 ♬

[1절]

너와 나, 우린 그 모든 걸 겪었지

이제 헤어질 시간이 온 걸까?
눈물을 닦아

[코러스]

Scene 2

♬

We have been together so long
Is it time to let go?
Apart we grow
Soon we will know

우린 오랫동안 함께 해왔어
이제 놓아줄 때인가?
점차 멀어진다는 것을
우린 곧 알게 되겠지

Scene 3

♬

[Chorus]
You are the reason to go on living
I need to try things and be on my own
We' ll always be friends but keep our distance
We' ll be together from afar, forever
Listen, listen within, oo-ooh

[코러스]

넌 내가 살아가야 할 이유야
하지만 난 혼자서 도전하고 나아가야 해
우린 언제나 친구일 거야, 하지만 거리를 두고
우린 멀리서도 함께일 거야, 영원히
들어봐, 들어봐, 우우

Scene 4

[Verse 2]

We have been, we've been everywhere
To the stars and back again, yes my friend
We have seen, we've seen everything
But will I ever see you again, my old friend?
Friends 'til the end
[Chorus]

[2절]

우린 함께 했어, 어디든 함께 다녔지
하늘의 별에도 갔다 왔지, 나의 친구야
우린 함께 했어, 뭐든지 함께 보았지
언젠가 널 다시 볼 수 있을까, 내 오랜 친구야
내 영원한 친구야

[코러스]

Scene 5

♬

You are the reason to go on living
I need to try things and be on my own
We'll always be friends but keep our distance
We'll be together from afar, forever
Listen, listen within, oo-ooh

넌 내가 살아가는 이유야
하지만 난 혼자서 도전하고 나아가야 해
우린 언제나 친구일 거야, 하지만 거리를 두고
우린 멀리서도 함께일 거야, 영원히
들어봐, 들어봐, 우우

Scene 6

♬

[Bridge]

You and I, we'll say all of our goodbyes
When will I see you again?
You and I, we'll say all of our goodbyes
When will I see you again?
You and I, we'll say all of our goodbyes
When will I see you again?
You and I, we'll say all of our goodbyes
When will I see you again?

[간주]

너와 나, 우린 이제 작별 인사를 할 거야
언제 널 다시 만날 수 있을까?
너와 나, 우린 이제 작별 인사를 할 거야
언제 널 다시 만날 수 있을까?
너와 나, 우린 이제 작별 인사를 할 거야
언제 널 다시 만날 수 있을까?
너와 나, 우린 이제 작별 인사를 할 거야
언제 널 다시 만날 수 있을까?

Scene 7

♬

[Outro]

When will I see you again?
When will I see you again?

[아우트로]

언제 널 다시 만날 수 있을까?
언제 널 다시 만날 수 있을까?

Jónsi(1975~)

Jónsi at the Citadel Festival, Victoria Park, London, 2016

Jón Þór "Jónsi" Birgisson (pronounced [ˈjouːn ˈθouːr ˈpɪrcɪsɔːn, ˈjounsɪ] (About this soundlisten); born 23 April 1975) is an Icelandic musician;

He is the vocalist and multi-instrumentalist for the Icelandic post-rock band Sigur Rós. He is known for his use of a cello bow on guitar and his falsetto or countertenor voice. He is blind in his right eye from birth as a result of a broken optic nerve from the brain.

존시는 아이슬란드 출신의 뮤지션이다.

존시는 아이슬란드 포스트 록 밴드 시거 로스의 보컬리스트이자 멀티 인스트루멘탈리스트이다. 그는 기타에 첼로 활을 사용하고 가성이나 카운터테너 음성으로 유명하다. 그는 태어날 때부터 뇌의 시신경이 망가져 오른쪽 눈이 보이지 않는다.

3. More Related Words

1) OST

OST

뜻 original sound track(오리지널 사운드 트랙)

예 It was the first time for Houston to top the chart since she topped it with 'The Bodyguard' **OST** in 1992.
휴스턴이 빌보드 차트 1위에 오른 것은 영화 '보디가드'의 OST로 1위를 했던 1992년 이후 처음이었다.

2) Lyrics

lyrics

뜻 노랫말, 가사

예 The book contains **lyrics** for over 100 songs.
그 책에는 100여 곡의 가사가 들어 있다.
lyrics and stunning vocal harmonies
열정적인 노랫말과 너무나 근사한 목소리 화음

poeticy

뜻 시적인 표현

예 The lyrics of his songs are full of **poeticy**.
그의 노랫말은 시적인 표현으로 가득하다.

3) Together From **Afar**

afar

뜻 멀리, 아득히(far)

참고 from afar (아주) 멀리서
afar off 멀리에, 멀리 떨어져

예 He worshipped her from **afar**. 그는 멀리서 그녀를 흠모했다.
He loved her from **afar**.
그는 (말은 못하고) 멀리서 그녀를 사랑했다.
Isn't it great when friends visit from **afar**? (Confucius)
벗이 먼 곳에서 찾아오면 또한 즐겁지 아니한가?
(有朋自遠方來 不亦樂乎 / 유붕자원방래 불역락호) (공자)
You have to look from **afar**. 멀리서 지켜봐야 돼.

Confucius

뜻 공자(551?-479 B.C.) [유교의 창시자]

예 **Confucius**, (he) say [영국·구어] 공자 가라사대, 자왈(子曰)
the Analects of **Confucius**
[논어(論語)] 공자(孔子)가 제자들과 나눈 문답, 그때그때의 발언, 제자들의 발언 등을 모은 것, 기원전 4세기 때부터 전해지는 것, 중국명(名)은 Lun Yu.

4) **Apart** we grow

apart

뜻 [부사] (거리·공간·시간상으로) 떨어져, 따로, 헤어져

예 I felt like we started to grow **apart**.
우리가 사이가 멀어지기 시작한 것 같다.
However, the more that we grow **apart**, the closer that we come together. 하지만, 우리가 더 많이 떨어져 나갈수록, 우리는 함께 더 가까워진다.

apart

예 I think we need to accept that circumstances change and sometimes people grow **apart**.
나는 우리가 상황이 변하고 때때로 사람들이 멀어진다는 것을 받아들여야 한다고 생각한다.

5) **verse**

verse

뜻 1. 운문 (= poetry)
2. (시의) 연, (노래의) 절
3. 구식 시

예 The poet's anger finds expression in the last **verse** of the poem.
시인의 분노는 그 시의 마지막 연에 표출되어 있다.
Most of the play is written in **verse**, but some of it is in prose.
그 희곡은 대부분이 운문으로 쓰여 있지만, 일부는 산문으로 되어 있다.

prose

뜻 산문(체)

예 She is a famous **prose** writer. 그녀는 유명한 산문 작가이다.
the author's clear elegant **prose**
그 작가의 명료하고 우아한 산문체

free verse

뜻 자유시

예 He favored the use of **free verse** and everyday language.
그는 자유시와 일상적인 언어를 사용하는 것을 좋아했습니다.
His poems, which are written in **free verse** and cadence, are unique and innovative.
자유로운 절과 운율로 쓰여진 그의 시들은 독특하고 혁신적이다.

blank verse

뜻 무운시(각운을 쓰지 않은 시)

예 I prefer **blank verse** to rhyme.
나는 압운시보다 무운시가 더 좋다.

rhyme	뜻	[명사] 운(음조가 비슷한 글자), 운문 (→ nursery rhyme) [동사] (두 단어나 음절이) 운이 맞다[각운을 이루다]
	예	I prefer poems that **rhyme**. 나는 압운으로 쓰인 시가 더 좋다.
chorus	뜻	후렴(= refrain), (큰 음악 작품의 일부로서) 합창곡
	예	Everyone joined in the **chorus**. 모두가 후렴을 함께 불렀다.
bridge	뜻	두 주제를 잇는 간주 악절
	예	You can move onto the **bridge** part. Bridge 부분으로 넘어갑니다.

6) Outro

Outro	뜻	[미·방송 속어] 아우트로 (intro에 대하여, 방송, 영화 등의 마지막 수분(數分)[수초(數秒)], 음악이 끝난 뒤 디스크자키의 말)
	예	I enjoyed hearing "**Outro**: Her". 들으면서 좋았던 노래가 "Outro: Her"였어요.
Intro	뜻	비격식 (특히 음악 작품·글의) 도입부 소개(introduction), (대중음악의) 전주(前奏), 서주
	예	This song has the best **intro** ever! So sick! 이 노래 인트로 최고야! 완전 죽여!

4. Grammar

1) have been : **현재완료(have + 과거분사)**
[계속] 과거에 일어난 일이 현재까지 계속되고 있는 것을 나타냄.
[경험] 과거에서부터 지금까지의 경험을 말할 때 씀.

예문 ① We've **been** through it all.
② We've seen everything.

2) It is time to ~ : It의 용법
시간, 날씨, 거리, 막연한 상황 등을 나타내는 비인칭대명사

예문 ① **Is it time to** say goodbye? 이제 작별 인사를 해야 할 시간이죠?
② **It is time to** say good bye to our lovely boy wizard.
이제 우리의 사랑스러운 소년 마법사에게 작별을 고해야 할 시간이다.
③ **Is it time to** get rid of it? 이제 없애야 할 때인가요?
④ **Is it time to** go home? 퇴근할 시간인가?
⑤ **Is it time to** finish? 끝내야 할 시간이에요?

3) let go(let + 동사원형) : 놔둬

예문 ① Is it time to **let go**? 이제 놓아줄 때인가?
② **Let go**! You're hurting me! (이 손) 놔! 아프단 말야!
③ "**Let go** of me," she said fiercely. "나를 놔 줘." 그녀가 거칠게 말했다.
④ It's time to **let go** of the past. 이제 과거는 버려야 할 때이다.

5. Expressions

1) **be through : 겪다; 끝내다**

① You and I, we've **been through** it all. 너와 나, 우린 그 모든 걸 겪었어.
② I'll **be through** with this assignment by Friday. 이 숙제를 금요일까지는 끝내겠습니다.
③ I'll **be through** in a few minutes. 조금만 있으면 마칩니다.

2) **so long : 오랫동안**

① We have been together **so long**. 우리는 오랫동안 함께 해왔어요.
② I'm sorry I haven't written to you for **so long**. 너무 오랫동안 편지 못 써서 미안해.

3) **grow apart (from somebody) : (~와) 사이가 멀어지다**

① **Apart** we **grow**. 우리는 점차 멀어진다.

② I felt like we started to **grow apart**. 나는 우리가 사이가 멀어지기 시작한 것 같다.

③ However, the more that we **grow apart**, the closer that we come together.
하지만, 우리가 더 많이 떨어져 나갈수록, 우리는 함께 더 가까워진다.

4) **go on living : 계속 살아가다**

① You are the reason to **go on living**. 너는 (내가) 계속 살아가는 의미야.

② I didn't want to **go on living** then. 그때는 정말 죽고 싶었다.

③ None of us can **go on living** the way we are.
우리 중 누구도 우리가 살아가는 방식으로 계속 살아갈 수 없어.

5) **on my own : 나 혼자서**

① I need to try things and be **on my own**.
나는 무언가를 시도하고 나 혼자 있을 필요가 있다.

② I'm all **on my own** today. 내가 오늘은 아무도 없이 혼자이다.

③ I like to be **on my own** sometimes. 나는 가끔 혼자 있는 것이 좋다.

④ I decided to branch out **on my own**. 나는 독자적으로 사업을 시작하기로 결심했다.

⑤ I was left to cope **on my own**. 나는 나 혼자 알아서 대처를 해야 했다.

6) **keep our distance : 거리를 두다**

① We'll always be friends but **keep our distance**.
우리는 항상 친구지만 거리를 둘 것이다.

② She seems to **keep her distance**. 그녀는 가까이하기 힘든 사람 같다.

③ You'd better **keep your distance** from the car ahead. 앞 차와의 간격을 유지하세요.

7) **from afar : 먼 곳에서**

① We'll be together **from afar**, forever.

② He worshipped her **from afar**. 그는 멀리서 그녀를 흠모했다.

8) **'til the end : 끝까지, 'til(=until; till)**

① I think it'll make it **until the end**. 이거는 끝까지 가겠다.

② There are 30 seconds left[to go] **till the end** of the game.
경기 종료까지는 앞으로 30초 남았다.

9) **say all of our goodbyes : 우리의 모든 작별 인사를 하다**

① You and I, we'll **say all of our goodbyes**. 당신과 나는 모든 작별 인사를 할 거예요.

② We say **our goodbyes**. 우리는 작별 인사를 합니다.

③ **All of our products** are defect-free. 저희의 모든 제품은 결점이 없습니다.

6. Mission

영상 보기 https://https://youtu.be/8Zr8MQQ0vEk 또는

1) 영상을 보며 빈칸을 채워보세요.

① [0:03-0:05] We've been __________ it all.
우리는 그 모든 것을 겪어 왔어요.

② [0:05-0:08] Is it time ____ say goodbye?
이제 작별할 시간인가요?

③ [0:11-0:15] We have _______ together so long.
우리는 아주 오래 함께 해왔습니다.

④ [0:16-0:18] Is it time to _____ go?
이제 놓아줄 때인가요?

⑤ [0:19-0:21] _______ we grow.
떨어져서 우리는 성장해요.

⑥ **[0:34-0:38]** I need ____ try things and be ____ my own.
나는 무언가를 시도하고 나 혼자 있을 필요가 있어요.

2) 밑줄 친 부분을 우리말로 해석해보세요.

⑦ **[0:39-0:43]** We'll always be friends but <u>keep our distance</u>.

⑧ **[0:16-0:18]** You and I, <u>we'll say all of our goodbyes</u>.

3) 문장을 영어로 표현해보세요.

⑨ **[0:28-0:33]** 너는 (내가) 계속 살아야 하는 이유야.

⑩ **[0:44-0:49]** 우린 멀리서 영원히 함께 할 거야.

학습정리

1. OST	original sound track
2. lyrics	노랫말; 가사
3. poeticy	시적인 표현
4. Confucius	공자(551?-479 B.C.) [유교의 창시자]
5. afar	멀리; 아득히
6. apart	(거리 · 공간 · 시간상으로) 떨어져; 따로; 헤어져
7. verse	운문 (= poetry); (시의) 연; (노래의) 절
8. prose	산문(체)
9. free verse	자유시
10. blank verse	무운시(각운을 쓰지 않은 시)

11. rhyme	[명사] 운(음조가 비슷한 글자); 운문 (→ nursery rhyme) [동사] (두 단어나 음절이) 운이 맞다 [각운을 이루다]
12. chorus	후렴 (= refrain); (큰 음악 작품의 일부로서) 합창곡
13. bridge	두 주제를 잇는 간주 악절
14. outro	아우트로 (intro에 대하여, 방송, 영화 등의 마지막 수분(數分) [수초(數秒)]
15. intro	비격식 (특히 음악 작품·글의) 도입부; 소개(introduction); (대중음악의) 전주(前奏); 서주
16. Jónsi(1975～)	아이슬란드 음악가
17. instrumentalist	기악 연주자 (→ vocalist)
18. falsetto	(특히 남성의) 가성(假聲)
19. countertenor	카운터테너 (tenor보다 높은 남성(男聲)의 최고 음역); 그 가수[목소리] 가성(假聲)으로 소프라노의 음역을 구사하는 남성 성악가
20. optic nerve	시신경

WEEK

08

Review for Mid-term Exam

[1주차～7주차]

1. 문법상 it의 쓰임이 다른 것을 고르세요.

① It's windy.
② It's far from here.
③ It takes five hours.
④ I like it very much.

2. 문법상 like의 쓰임이 다른 것을 고르세요.

① My father acted like that was difficult.
② How would you like it?
③ It looks like rain.
④ They were upset at being treated like children.

3. 문법상 who의 쓰임이 다른 것을 고르세요.

① This is the man who I met at the theater last night.
② This is the lady who he adored for a long time.
③ This is the teacher who he respected very much.
④ This is the woman who was recommended as a best teacher.

4. 문법적으로 옳지 <u>않은</u> 것을 고르세요.

① She is so beautiful.
② My teacher is so nice.
③ The book was so boring.
④ My boyfriend is so nice guy.

5. 문법적으로 옳지 <u>않은</u> 것을 고르세요.

① This is the place which I visited last year.
② The book I read was so interesting.
③ The lady that met yesterday is my aunt.
④ COVID-19 is a disease that can be cured.

6. 문법적으로 옳지 <u>않은</u> 것을 고르세요.

① I gave a present my mother!
② I have decided to start dancing.
③ The old man looked pretty scared to me.
④ He beat me at chess.

7. 문법적으로 옳지 <u>않은</u> 것을 고르세요.

① She can't be sick.
② It was so long since I played with a dog.
③ It's cold, isn't it?
④ You don't have to buy new books.

8. 스토리 내용과 일치하지 <u>않는</u> 것을 고르세요.

① Lucas sends Bella to live with Olivia's aunt and uncle in Farmington, New Mexico, until he and his mother can find another home outside of Denver's urban limits.
② Bella leaves Farmington and begins a 400-mile journey home.
③ During journey, Bella befriends a lion cub, whom she names "Big Kitten."
④ Bella and Big Kitten encounter many ordeals together.

9. 스토리 내용과 일치하지 <u>않는</u> 것을 고르세요.

① Lucas Ray and his girlfriend Olivia, two residents of Denver, Colorado, find a cat in a construction site along with many puppies.
② An overzealous animal control officer named Chuck tries to impound Bella.
③ Chuck confiscates Bella and takes her into the local animal shelter.
④ Lucas picks Bella up, pays a fine, and is allowed to take her home, but he is warned that if Bella is captured again, she will be euthanized.

10. 아래 진술 중 잘못된 것을 고르세요.

① The film <A Dog's Way Home> is a 2019 British family adventure film directed by Charles Martin Smith.
② The film <A Dog's Way Home> is based on the 2017 book of the same name by Cameron.
③ A Dog's Way Home is a 2017 book by American author W. Bruce Cameron, based on a true story.
④ The film <A Dog's Way Home> chronicles the heartwarming adventure of Bella, a dog who embarks on an epic 400-mile journey home after she is separated from her beloved human.

[11～14] 아래 진술문이 사실이면 ○, 거짓이면 ×를 클릭하세요.

11. "스토리는 인과관계를 중심으로, 플롯은 연속성을 중심으로 쓰여 진다."

① ○ ② ×

12. Plot(플롯)이란 사건의 논리적인 패턴과 배치를 일컫는 용어로 우리말로는 "이야기 얼개", "이야기 구성", "이야기 구조" 등으로 표현할 수 있다.

① ○ ② ×

13. W. Bruce Cameron의 A Dog's Way Home (2017)은 실제 이야기를 바탕으로 쓴 소설이다.

① ○ ② ×

14. 영화 〈A Dog's Way Home〉은 루카스라는 주인공 청년과 그의 여자 친구인 올리비아가 벌이는 동물보호운동에 관한 이야기를 주제로 하고 있다.

① ○ ② ×

[15~20] 문맥상 다음 빈칸을 주어진 글자로 시작하는 단어로 채우세요.

15. Please s______ away from the car.

| 제발 차에서 물러나 주세요.

16. My brother is a famous p______ writer.

| 제 동생은 유명한 산문 작가에요.

17. I'm g______ call the guy.

| 내가 이 남자에게 전화할게.

18. Those gloves are h______.

| 저 장갑은 그녀의 것이다.

19. Hurry up and do your b______.

| 서둘러 네 일을 해라.

20. I mean this thing was huge. It was a 10 f______ long.

| 내 말은 이게 엄청났다는 거야. 길이가 10피트는 됐어.

[21~32] 문맥상 빈칸에 들어갈 적절한 전치사 혹은 단어를 쓰세요.

21. Going to college should be up ______ individual choices!

| 대학에 가는 것은 개개인의 선택이 돼야 해요!

22. Is she ______?

| 그녀는 숨을 쉬고 있나요?

23. I dream ______ my mother from time to time.

| 저는 가끔 엄마 꿈을 꿔요.

24. I went ______ last week.

| 저는 지난주에 사냥을 갔어요.

25. She needed to eat food, and so ______ I.

| 그녀는 음식을 먹어야했고, 저도 그랬어요.

26. That's right. Easy ______ it.

| 그렇지. 살살 조심해서 해.

27. If you arrest him, your case is ______.

| 그를 체포하면 사건은 끝난다.

28. She made her son ______ his homework.

| 그녀는 아들에게 숙제를 하도록 시켰다.

29. I will not ______ them hurt you.

| 그들이 널 해치게 않도록 할게.

30. Over the ______ we did everything together.

| 몇 년 동안 우리는 모든 것을 함께 했어요.

31. That one was his __________.

| 그건 루카스가 가장 좋아하는 것이었어요.

32. That was s______ a touching speech.

| 그것은 정말 감동적인 연설이었습니다.

[33~35] 밑줄 친 부분을 우리말로 해석하세요.

33. She's kind of <u>freaking out</u>.

34. Bella finds another dog and <u>inadvertently</u> causes disaster.

35. We'll be together forever <u>from afar</u>.

WEEK
09

A Homeless Dog

학습목표

1. 영상에 나오는 주요 단어와 표현을 말할 수 있다.
2. 문장의 구조와 문법을 설명하고, 주요 표현들을 맥락 속에서 확장시킬 수 있다.
3. 학습한 단어와 표현들을 자유자재로 활용할 수 있다.

복습점검

아래 문장을 영어로 표현해 보세요.

1. "우리는 그 모든 것을 겪어 왔어요."

2. "이제 작별을 할 시간인가요?"

3. "당신은 (제가) 계속 살아가는 의미에요."

학습내용

1. Introduction

1) **A Dog's Way Home - A Homeless Dog (6/10)**

2) **Situation(상황)**

가까스로 마을에 도달한 벨라는 노숙자 엑슬(Axel)에게 이끌려 가죽끈에 매인 채 엑슬과 함께 노숙을 하게 된다. 지나는 사람들은 벨라가 귀여워 푼돈을 주고 가고, 엑슬은 벨라 덕에 돈이 쌓이는 것에 흡족해한다. 벨라는 엑슬에게서 무언가 친근함(익숙함)을 느끼는데, 맥(Mack)이 슬퍼했던 것처럼 엑슬도 슬펐고, 엄마가 슬퍼했던 모습을 엑슬에게서 볼 수 있었다. 벨라는 길을 지나는 한 무리의 개들과 함께 놀고 싶은 마음을 엑슬이 몰라주는 것이 아쉽기만 하다. 노상에서 추운 날씨에 서로를 따뜻하게 감싸고, 벨라는 최소한 더 이상 배가 고프지 않도록 해주는 엑슬과 함께 지낸다. 날씨는 점점 따뜻해지는데 엑슬은 점점 더 상태가 나빠진다. 벨라는 묶여 있는 것이 싫었고, 그것은 옳지 않다고 생각했지만, 엑슬은 벨라를 풀어주지 않는다. 벨라는 엑슬을 도와줄 방법을 찾을 수 없었고, 여전히 자기 자신을 돌보아야 할 신세였다. 자신은 집으로 돌아가야 했지만, 엑슬은 자기에게 친구는 벨라밖에 없음을 호소하며 계속 벨라를 곁에 묶어 둔다. 그렇게 시간이 지나면서 엑슬이 서서히 죽어갈 때까지 그래서 더 이상 그가 슬프지 않을 때까지 벨라는 엑슬 곁에 기대어 있다.

2. Film Script

A Dog's Way Home - A Homeless Dog (6/10)

영상 보기 https://youtu.be/mZYTLYXT-CQ 또는

Scene 1

Bella : His name was Axel, and he always had me on a leash.

벨라 : 그의 이름은 엑슬이었고, 그는 항상 나를 가죽끈으로 묶어두었습니다.

Scene 2

Women : Aw! Hi, sweet girl. Hi. You are so sweet.
Here you go. Bye.

Axel : Thank you. Whoo-wee. Good for business, Bella.

여자 : 오! 안녕, 귀여운 아가씨. 안녕. 넌 정말 사랑스럽구나.
여기 있어. 안녕.

엑슬 : 고맙습니다. 우와. 돈벌이가 잘 되는걸, 벨라.

Scene 3

Bella : Something about him was familiar.

Axel : Oh.

Bella : Axel was sad the way Mack was sad. The way Mom was sad.
I wanted to go have fun like I did with the pack, but Axel didn't understand that dogs need to play.

Axel : Shh. Easy, girl.

벨라 : 그에 대해 뭔가 익숙했어요.

엑슬 : 오!

벨라 : 엑슬은 맥이 슬펐던 것처럼 슬펐어요. 엄마가 슬펐던 그 모습처럼.
저는 저 개들과 함께 재미있게 놀고 싶었지만, 엑슬은 개들이 놀아야 한다

는 것을 이해하지 못했어요.

엑슬 : 쉬, 진정해, 벨라.

Scene 4

Bella : We kept each other warm.

Axel : Good dog.

Bella : He made sure I was never hungry.

Axel : Good dog, Bella.

벨라 : 우리는 서로를 따뜻하게 지켜주었죠.

엑슬 : 착한 녀석.

벨라 : 엑슬은 내가 절대로 배가 고프지 않도록 책임져 주었죠.

엑슬 : 좋은 녀석, 벨라.

Scene 5

Bella : Slowly, the air got warmer.
But Axel got sadder and sadder.
I didn't think Axel would ever take me off the leash.
I didn't like being chained.
It didn't feel right.
I didn't know how to help Axel and still take care of myself.
I needed to do Go Home.

벨라 : 천천히 공기가 따뜻해졌어요.
하지만 엑슬은 점점 더 슬퍼졌죠.
엑슬이 저에게서 가죽끈을 풀어줄 거라고 생각하지 않았어요.
저는 가죽끈에 묶여 있는 것을 좋아하지 않았습니다.
기분이 좋지 않았거든요.
저는 엑슬을 어떻게 도와야 할지 몰랐고 저 자신도 돌봐야 했거든요.
저는 집에 가야만 했어요.

Scene 6

Axel : I love you.
It's just me and you. You're the only friend I've got.
I love you, Bella. I love you. It's you and me, Bella.
You and me. Bella, I love you. I love you, Bella. I love you.

엑슬 : 벨라, 널 사랑해.
나와 너뿐이야. 내가 가진 친구는 너밖에 없어.
벨라, 널 사랑해. 너와 나뿐이야. 벨라, 널 사랑해.

Scene 7

Bella : I laid with Axel while the heat slowly drained away from him, until there was no more Axel and he was no longer sad.

벨라 : 저는 엑슬에게서 온기(체온)가 천천히 사라지는 동안, 엑슬이 이 세상을 떠날 때까지, 그래서 그가 더 이상 슬퍼하지 않을 때까지, 그와 함께 누워있었어요.

3. More Related Words

1) homeless

homeless

뜻 [형용사] 노숙자의; 노숙자들

예 We collected money in behalf of the **homeless**.
우리는 노숙자들을 위해 모금을 했다.
He was **homeless**, so we took him in.
그는 거처가 없는 사람이라서 우리가 그를 우리 집에서 지내게 했다.
You look like a **homeless** person. 넌 거지같이 보여.

displace

뜻 [동사] 1. 추방하다; (살던 곳에서) 쫓아내다
2. 대신[대체]하다 (= replace); (평소의 위치에서) 옮겨 놓다

예 Around 10,000 people have been **displaced** by the fighting.
그 싸움으로 약 만 명의 사람들이 살던 곳을 등졌다.
Gradually factory workers have been **displaced** by machines.
공장 일꾼들이 차츰 기계로 대체되었다.

2) leash

leash

뜻 [명사] (개 등을 매어 두는) 가죽끈[줄]; 사슬
[동사] 가죽끈으로 매다

예 All dogs must be kept on a **leash** in public places.
공공장소에서는 모든 개를 개 줄에 매어 두어야 한다.
When you take a walk with your dog, you should have your dog on a **leash**.
개와 산책할 때는 반드시 줄을 꼭 매야 해요.

3) pack

pack

뜻 [명사] (특정 용도를 위해 함께 묶어 제공하는 여러 가지 물건들로 이뤄진) 묶음[꾸러미]; 패거리; 무리
[동사] (여행을 가기 위해) (짐을) 싸다[꾸리다/챙기다]
(보관수송매매 목적으로 물건을) 포장하다 (↔ unpack)

예 I wanted to go have fun like I did with the **pack**.
나는 그 무리들과 같이 재미있게 놀고 싶었다.
He disappears into the forest with the **pack**.
그는 무리들과 함께 숲속으로 사라진다.

4) laid

laid	**뜻**	(특히 살며시 조심스럽게) 놓다[두다]
	참고	lay-laid-laid
	예	I **laid** with Axel. 나는 엑슬과 함께 누워있었다. "The kittens **lay** with him and treat him like a brother." Chris Chorney, a volunteer at the Humane Society, said. "새끼 고양이들은 그와 함께 눕고 그를 형처럼 대해요."라고 인류사회의 자원봉사자인 크리스 초니는 말했다. The Queen **laid** a wreath at the war memorial. 여왕이 현충탑에 헌화를 했다.
lie	**뜻**	누워있다; 눕다
	참고	lie-lay-lain
	예	Go and **lie** down for a while. 가서 좀 누워있어. She **lay** quietly, enfolded in his arms. 그녀는 그의 팔에 안겨 가만히 누워있었다.
wreath	**뜻**	(애도의 표시로 바치는) 화환 (크리스마스 시즌에 문에 장식으로 거는) 화관
	예	Poets were proud to be crowned with the laurel **wreath**. 시인들은 월계관을 쓰는 것을 영광으로 여겼다. He put a **wreath** on her head like it was a crown. 그는 그녀의 머리 위에 왕관처럼 화관을 얹었다.
enfold	**뜻**	(다정하게) 안다 (= embrace); 감싸다
	예	Darkness spread and **enfolded** him. 어둠이 번지며 그를 감쌌다.

5) **drained**

drain

뜻 [동사] 물[액체]이 빠지다; 물[액체]을 빼내다
(액체를) 따라 내다; (액체가) 흘러 나가다
[명사] 배수관

예 The heat slowly **drained** away from him.
그에게서 열이 서서히 사라졌습니다.
Drain the pasta and toss it in melted butter.
파스타의 물기를 빼고 녹인 버터에 넣어 뒤적여라.
Leave the dishes to **drain**.
그릇들을 물이 빠지게 놔 두어라.

4. Grammar

1) **관계부사** the way (that)

- 관계부사는 부사와 접속사의 역할을 하며, '**전치사 + which**'로 바꿀 수 있다.
  ① (the place) where = in [at] which
  ② (the time) when = at [on] which
  ③ (the reason) why = for which
  ④ 그러나 ***the way how**는 사용하지 않고, the way 또는 how만을 쓴다. 또는 the way that, the way in which를 쓴다.

예문 ① e.g. Axel was sad **the way (that)** Mack was sad. **The way (in which)** Mom was sad.
엑슬은 맥이 슬펐던 것처럼 슬펐어요. 엄마가 슬펐던 그 모습처럼.

1)-1 관계부사는 that으로 대용할 수 있고, 또 생략할 수도 있다.

예문 ① This is **the house where** I was born. 이곳은 내가 태어난 집이다.

② It is **the time when** you should finish the work.
작업을 완료해야 할 때입니다.

③ I'd like to know **the reason why** you're so late.
네가 왜 그렇게 늦었는지 이유를 알고 싶어.

④ This is **the way** he did it. 이것이 그가 한 방식입니다.
= This is **how** he did it.
= This is **the way that** he did it.
= This is **the way in which** he did it.

⑤ It's not what you say, it's **the way that** you say it.
당신이 하는 말의 내용 때문이 아니라 그 말을 하는 방식[태도] 때문이에요.

2) 접속사 like

예문 ① …(하)듯이; …같이(as)
I wanted to go have fun **like** I did with the pack.
나는 저 개들과 함께 놀았던 것처럼 가서 놀고 싶었어요.
I cannot do it **like** you do. 당신이 하듯 그렇게 할 수는 없습니다.

② 마치; 흡사(as if)
It looks **like** he means to go. 그는 가려나 봐.

③ [구어] (…라는) 느낌으로; (…비슷하게) 말한
He was **like**, "No way am I going to do that."
그는 "그런 일은 절대 안 하겠다"는 듯이 말했다.

cf. She's wearing a dress **like** mine. → like [형용사] (…와) 같은
그녀는 내 것과 비슷한 드레스[원피스]를 입고 있다.

3) 접속사 while

예문 ① …하는 동안[사이] (= when)
We must have been burgled **while** we were asleep.

우리가 잠이 든 사이에 도둑이 든 게 틀림없어.
I laid with Axel **while** the heat slowly drained away from him.
그에게서 온기가 서서히 사라지는 동안 엑슬과 함께 누워있었습니다.

② (다른 일과 동시에) …하는 동안에
You can go swimming **while** I'm having lunch.
내가 점심을 먹는 동안에 넌 수영을 하러 갈 수도 있어.

4) 접속사 that

- that + 주어 + 동사 : ~라는 것
(know, think, believe, hope 등 동사의 목적어를 이끌며 이때 that은 생략 가능)

예문 ① He made sure **(that)** I was never hungry.
그는 내가 결코 배가 고프지 않도록 확실히 해주었죠.
② He vowed **(that)** he had not hurt her.
그는 그녀를 다치게 하지 않았다고 맹세했다.
③ I hope **(that)** he will get well soon.
나는 그가 곧 낫기를 희망한다.

5) get ~er : 점점 더 ~하다

예문 ① Slowly, the air **got warmer**. 천천히 공기가 따뜻해졌어요.
② But Axel **got sadder and sadder**. 그러나 엑슬은 점점 더 슬퍼졌죠.

5. Expressions

1) **good for business : 사업하기 좋은**

① It is good for jobs and **good for business**. 그것은 일자리와 사업에 유익하다.

2) **something about him : 그에 대한 어떤 것**

① **Something about him** was familiar. 그에 대해 뭔가 익숙했어요.

3) **go have fun : 가서 놀고 있어**

① Shall we **go have fun**? 그러면 우리 재미있게 한번 놀아볼까요?

4) **keep each other warm : 서로를 따뜻하게 유지시키다**

① We **kept each other warm**. 우리는 서로를 따뜻하게 해주었어요.

5) **make sure (that) ~ : (that) 이하를 확실하게 하다**

① He **made sure** I was never hungry. 그는 내가 결코 배가 고프지 않도록 확실히 해주었죠.

6) **get warmer / get sadder : 점점 더 더워지다 / 더 슬퍼지다**

① Slowly, the air **got warmer**. 천천히 공기가 따뜻해졌어요.

② I thought it was supposed to **get warmer** today.
오늘은 날이 좀 풀릴 거라고 생각했어요.

③ Experts say the West Sea will continue to **get warmer**.
전문가들은 서해가 계속해서 더 따뜻해질 것이라고 말한다.

④ But Axel **got sadder and sadder**. 하지만 엑슬은 점점 더 슬퍼졌죠.

7) **take off : (옷 등을) 벗다[벗기다] ; ~을 빼다**

① I didn't think Axel would ever **take** me **off** the leash.
엑슬이 저에게서 가죽끈을 풀어줄 거라는 생각을 하지 않았죠.

8) **being chained : (사슬에) 묶인**

① I didn't like **being chained**. 나는 쇠사슬에 묶여 있는 것을 좋아하지 않았어요.

② My son is **being bullied** at school. 우리 아들이 학교에서 괴롭힘을 당하고 있어요.

9) **feel right : 기분이 좋은 ; 옳다고 느끼는**

① It didn't **feel right**. 기분이 좋지 않았거든요.

② I don't **feel right** without smoking. 담배를 피우지 않으면, 안정되지 않습니다.

③ It doesn't **feel right** somehow if there's no kimchi when I eat rice.
밥 먹을 때 김치가 없으면 왠지 허전하다.

10) **take care of ~ : ~을 돌보다**

① I didn't know how to help Axel and still **take care of** myself.
나는 엑슬을 어떻게 도와야 할지 몰랐고 여전히 나 자신을 돌봐야 했어요.

② We've asked my mother to **take care of / look after** the kids while we're away.
우리는 저의 엄마에게 우리가 없는 동안 아이들을 봐 달라고 부탁드렸어요.

11) **the only friend I've got : 내가 가진 유일한 친구**

① It's just me and you. You're **the only friend I've got**.
나와 너뿐이야. 내가 가진 친구는 너밖에 없어.

12) **lay with : (특히 살며시 조심스럽게) 놓다[두다], (눕히듯이) 두다(place)**

① I **laid with** Axel while the heat slowly drained away from him, until there was no more Axel and he was no longer sad.
나는 온기(체온)가 천천히 그에게서 사라지는 동안, 엑슬이 (이 세상에) 없어서 더 이상 슬퍼하지 않을 때까지, 엑슬과 함께 누워있었어요.

6. Mission

영상 보기 https://youtu.be/mZYTLYXT-CQ 또는

1) 영상을 보며 빈칸을 채워보세요.

① [00:25-00:26] It is good for __________. 그것은 사업에 유익하다.

② [00:27-00:29] Something about him was __________. 그에 대해 뭔가 익숙했어요.

③ [00:56-00:58] We ______ each other warm. 우리는 서로를 따뜻하게 해주었어요.

④ [00:59-01:01] He ______ sure I was never hungry.
그는 내가 결코 배가 고프지 않도록 확실히 해주었죠.

⑤ [01:31-01:34] I didn't think Axel would ever take me _____ the leash.
엑슬이 나를 가죽끈에서 풀어줄 거라는 생각을 하지 않았죠.

⑥ [02:02-02:07] I didn't know how to help Axel and still take care ____ myself.
나는 엑슬을 어떻게 도와야 할지 몰랐고 여전히 나 자신을 돌봐야 했어요.

2) 아래 밑줄 친 부분을 우리말로 해석해보세요.

⑦ [01:28-02:01] Being chained didn't feel right.

⑧ [02:50-02:54] I laid with Axel while the heat slowly drained away from him

3) 문장을 영어로 표현해보세요.

⑨ [00:44-00:45] 우리 재미있게 한번 놀아볼까요?

⑩ [01:13-01:15] 천천히 공기가 따뜻해졌어요.

학습정리

1. homeless	노숙자의; 노숙자들
2. displace	[동사] (살던 곳에서) 쫓아내다; (평소의 위치에서) 옮겨 놓다; 대신[대체]하다
3. replace	대신[대체]하다
4. leash	[명사] (개 등을 매어 두는) 가죽끈[줄]; 사슬 [동사] 가죽끈으로 매다
5. pack	[명사] 무리; 패거리; 묶음[꾸러미] [동사] (짐을) 싸다[꾸리다/챙기다]; 포장하다
6. unpack	(여행 가방 등에 든 것을) 꺼내다; (짐을) 풀다
7. lay-laid-laid	(특히 살며시 조심스럽게) 놓다[두다]
8. lie-lay-lain	누워있다; 눕다
9. wreath	(애도의 표시로 바치는) 화환; (크리스마스 시즌에 문에 장식으로 거는) 화관
10. enfold	(다정하게) 안다 (= embrace), 감싸다
11. drain	[동사] 물[액체]이 빠지다; 물[액체]을 빼내다; (액체를) 따라 내다; (액체가) 흘러 나가다 [명사] 배수관

WEEK

10

Big Kitten Returns

학습목표

1. 영상에 나오는 주요 단어와 표현을 말할 수 있다.
2. 문장의 구조와 문법을 설명하고, 주요 표현들을 맥락 속에서 확장할 수 있다.
3. 학습한 단어와 표현들을 자유자재로 활용할 수 있다.

복습점검

빈칸에 들어갈 영단어를 쓰세요.

1. This is the house ________ I was born. 이곳은 제가 태어난 집입니다.

2. It is the time ________ you should finish the work. 작업을 완료해야 할 때입니다.

3. This is ________ he did it. 이것이 그가 한 방식입니다.

학습내용

1. Introduction

1) **A Dog's Way Home – Big Kitten Returns (7/10)**

2) **Situation(상황)**

깊은 산중 개울가를 거닐던 벨라는 사방에서 진동하는 코요테 냄새를 맡게 되고, 그들이 자기를 다시 사냥하러 올 것이라 예상하지만, 벨라는 밤하늘의 보름달을 올려다보며 절대 겁먹지 않으리라 다짐한다. 날이 밝자 코요테 무리가 나타나 집요하게 접근하고 추격하며 벨라를 궁지에 몰아넣는다. 벨라는 겁먹지 않고 용감하게 맞서 싸우는데, 그때 큰 고양이가 나타난다. 크게 성장해서 돌아온 큰 고양이를 보고 벨라는 놀라며 반가워한다. 큰 고양이는 단숨에 코요테 무리를 공격해 물리치고, 벨라와 재회한다. 벨라와 큰 고양이는 오랜만에 만나 코를 비벼대며 애정을 표현한다. 이때 'Lean on Me(내게 기대요)'라는 노래가 질리언 에드워즈(Jillian Edwards)의 감미로운 목소리로 울려 퍼진다. 여기서는 Lean on Me란 노래의 서두 부분만 잠깐 나오는데, 원래 이 곡은 미국 싱어송라이터인 빌 위더스(Bill Withers)가 1972년에 발표한 전설적인 곡으로, 후에 질리언 에드워즈와 마이클 볼톤(Michael Bolton)이 리바이벌해서 부르면서 대중에게 오래 각인되는 명곡이 되었다.

2. Film Script

A Dog's Way Home – Big Kitten Returns (7/10)

영상 보기 https://youtu.be/5XQqslDEoel 또는

Scene 1

Bella : Their smell was everywhere.
They were hunting me again.
I knew they would come. But I wasn't gonna let them think I was afraid.

벨라 : 사방에서 그들의 냄새를 맡을 수 있었어요.
그들은 또 나를 사냥하고 있었어요.
그들이 (다시) 올 거라는 것을 알고 있었죠. 하지만 그들이 내가 두려워한다고 생각하도록 놔두지 않을 생각이었어요.

Scene 2

(Coyotes stalk, chase, and corner Bella.)
(A group of coyotes are barking furiously at Bella and attacking her.)
(Bella bravely fights against the coyotes.)
(Just then Big Kitten returns.)

Bella : Is he back? Is that ...

(코요테들이 집요하게 접근하여 추격하며 벨라를 궁지에 몰아넣는다.)
(코요테 무리가 맹렬히 짖어대며 벨라를 공격하고), (벨라는 용감하게 맞서 싸운다.)
(바로 그때 큰 고양이가 돌아온다.)

벨라 : 그가 돌아온 거야? 정말?

Scene 3

(Big Kitten attacks a group of coyotes and drives them out. She saves Bella.)

Bella : It is Big Kitten.
And she's a big, big kitten now.

(큰 고양이는 코요테 무리를 공격하여 도망치게 하고 벨라를 구한다.)

벨라 : 그것은 큰 고양이었어요.
그리고 그녀는 이제 큰 정말 고양이었어요.

Scene 4

(Bella and Big Kitten reunite and nuzzle each other. The song 'Lean on me' comes out in Jillian Edwards' sweet voice as a background music.)

(벨라와 큰 고양이가 재회하고 서로 코를 비벼대며 행복해한다. 배경음악으로 '내게 기대요' 라는 노래가 질리언 에드워즈의 달콤한 목소리로 흘러나온다.)

음악 듣기 https://youtu.be/L49cCbodrvA 또는

Lean on Me - Jillian Edwards

(2016, My Little Gypsy Records)

Sometimes in our lives,
We all have pain, we all have sorrow
But if we are wise, we know that there's always tomorrow
Lean on me, when you're not strong
I'll be your friend, I'll help you carry on
For it won't be long 'til I'm gonna need somebody to lean on

내게 기대요 - 질리언 에드워즈

살면서 우린 때때로
아파하기도 하고 슬퍼하기도 하죠
하지만 우리가 현명하다면, 내일이 항상 온다는 사실을 알 거예요
당신이 강하지 못할 때 내게 기대요
그러면 당신의 친구가 되어 도와줄게요

머지않아 나도 의지할 사람이 필요할 테니까요

Scene 5

♬

Please swallow your pride
If there are things you need to borrow
For no one can fill those of your needs that you won't let show
Lean on me, when you're not strong
I'll be your friend, I'll help you carry on
For it won't be long 'til I'm gonna need somebody to lean on

자존심은 버려요
만일 당신이 필요한 것이 있다면,
당신이 필요한 걸 말하지 않으면 아무도 그것(당신의 욕구)을 채워줄 수 없어요
당신이 강하지 못할 때 내게 기대요
그러면 당신의 친구가 되어 도와줄게요
머지않아 나도 의지할 사람이 필요할 테니까요

Scene 6

♬

You just call on me brother when you need a hand
We all need somebody (to lean on)
I just might have a problem that you'll understand
We all need somebody (to lean on)
You just call on me brother when you need a hand
We all need somebody (to lean on)
I just might have a problem that you'll understand
We all need somebody to lean on

그냥 날 불러요, 형제여, 도움이 필요할 때
우리는 모두 누군가 (기댈 사람이) 필요해요.

내가 가진 고민거리를 당신이 이해할 수도 있겠죠.
우리는 모두 누군가 (의지할 사람이) 필요해요.
그냥 날 불러요, 형제여, 도움이 필요할 때
우리는 모두 누군가 (기댈 사람이) 필요해요.
내가 가진 고민거리를 당신이 이해할 수도 있겠죠.
우리는 모두 누군가 의지할 사람이 필요해요.

Scene 7

♬

Lean on me, when you're not strong
I'll be your friend, I'll help you carry on
For it won't be long 'til I'm gonna need somebody to lean on
Somebody to lean on

당신이 강하지 못할 때 내게 기대요
그러면 당신의 친구가 되어 도와줄게요
머지않아 나도 의지할 사람이 필요할 테니까요
누군가 기댈 사람이

Jillian Edwards(1988~)

Jillian Anita Chapman (known professionally as Jillian Edwards; born November 28, 1988) is an American singer-songwriter who primarily plays indie folk and indie pop. She has released four musical works, Galaxies & Such in 2009, Headfirst in 2011, Daydream and All My Christmases in 2014.

질리언 에니타 체프먼(질리언 에드워즈로 알려진, 1988년 11월 28일 출생)은 주로 인디 포크, 인디 팝을 연주하는 미국의 싱어송라이터다. 그녀는 2009년에 Galaxies & Such, 2011년에 Headfirst, 그리고 2014년에 Daydream과 All My Christmases 등 4개의 음악 작품을 발표했다.

* 인디 팝은 1980년대 중반 영국에서 발생한 얼터너티브 록의 한 장르이다.

* 인디 록(Indie rock)은 독립적인 언더그라운드 음악 신(scene)에서 볼 수 있는 대안적인 록(alternative rock) 음악을 말한다. 기본적으로 독립 음반사와 계약을 했거나, 계약 없이 활동하는 록 음악가를 지칭한다.
* 인디 포크는 인디 록 장르 중 하나이다.

3. Lean on me by Jillian Edwards; Bill Withers; Michael Bolton

1) Lean on Me - Jillian Edwards Covers

음악 듣기 https://youtu.be/L49cCbodrvA 또는

Lean on Me - Jillian Edwards

(2016, My Little Gypsy Records)

2) Lean on Me - Bill Withers

음악 듣기 https://youtu.be/SyOyksOMaEw 또는

Lean on Me - Bill Withers

(1972, Old Grey Whistle Test Soul)

Sometimes in our lives,
We all have pain, we all have sorrow
But if we are wise, we know that there's always tomorrow

Lean on me, when you're not strong,
I'll be your friend, I'll help you carry on
For it won't be long 'til I'm gonna need
somebody to lean on

Please swallow your pride

If there are things you need to borrow
For no one can fill those of your needs that you won't let show

Lean on me, when you're not strong,
I'll be your friend, I'll help you carry on
For it won't be long 'til I'm gonna need somebody to lean on

You just call on me brother, when you need a hand
We all need somebody (to lean on)
I just might have a problem that you'll understand
We all need somebody (to lean on)
You just call on me brother, when you need a hand
We all need somebody (to lean on)
I just might have a problem that you'll understand
We all need somebody to lean on

Lean on me, when you're not strong,
I'll be your friend, I'll help you carry on
For it won't be long 'til I'm gonna need somebody to lean on
Somebody to lean on

① Jillian Edwards의 'Lean on Me'를 듣고 떠오르는 영단어를 쓰세요.

sweet, beautiful, peaceful, lovely, beloved, charming, adorable, …

② Bill Withers의 'Lean on Me'를 듣고 떠오르는 영단어를 쓰세요.

homesick, loneliness, sorrow, sadness, longing, nostalgia, old, …

3) Lean on Me - Michael Bolton

음악 듣기 https://youtu.be/nl88hL86y-Q 또는

♬ Lean on Me - Michael Bolton ♬

Sometimes in our lives,
we all have pain, we all have sorrow
But if we are wise, we know that there's always tomorrow
Lean on me, when you're not strong,
and I'll be your friend, I'll help you carry on
For it won't be long
'til I'm gonna need somebody to lean on

Please swallow your pride
If I have things you need to borrow
for no one can fill those of your needs that you won't let show
You just call on me brother, when you need a hand,
we all need somebody to lean on
I just might have a problem that you'll understand
we all need somebody to lean on

Lean on me, when you're not strong,
and I'll be your friend, I'll help you carry on
For it won't be long 'til I'm gonna need somebody to lean on

You just call on me brother, when you need a hand,
we all need somebody to lean on
I just might have a problem that you'll understand
we all need somebody to lean on

If there is a load that you have to bear, that you can't carry
I'm right up the road, I'll share your load if you just call me

Call me, call me, call me

Call me, call me, call me
Call me if you need a friend
Call me, call me, call me
Call me, call me, call me

OOOOOOOOOOOOOOOOOOOOOOOOOWWW

Lean on me
When you're not strong
I'll be your friend
I'll help you carry on
For it won't be long
'Til I'm gonna need somebody to lean on

Lean on me, Lean on me (Come and Lean on me)
Lean on me, Lean on me (Come and Lean on me)
Lean on, Lean on me (If you need a friend)
Lean on me
Lean on me
Lean on me

♬ 내게 기대요 - 마이클 볼톤 ♬

살면서 우린 때때로
아파하기도 하고 슬퍼하기도 하죠
하지만 우리가 현명하다면, 내일이 항상 온다는 사실을 알 거예요

당신이 강하지 못할 때 내게 기대요
그러면 당신의 친구가 되어 도와줄게요
머지않아 나도 의지할 사람이 필요할 테니까요

자존심은 버려요
만일 당신이 필요한 것이 있다면,

당신이 필요한 걸 말하지 않으면 아무도 그것(당신의 욕구)을 채워줄 수 없어요

그냥 날 불러요, 형제여, 도움이 필요할 때
우리는 모두 누군가 (기댈 사람이) 필요해요
내가 가진 고민거리를 당신이 이해할 수도 있겠죠.
우리는 모두 누군가 (의지할 사람이) 필요해요

당신이 강하지 못할 때 내게 기대요
그러면 당신의 친구가 되어 도와줄게요
머지않아 나도 의지할 사람이 필요할 테니까요
그냥 날 불러요, 형제여, 도움이 필요할 때
우리는 모두 누군가 (기댈 사람이) 필요해요
내가 가진 고민거리를 당신이 이해할 수도 있겠죠.
우리는 모두 누군가 의지할 사람이 필요해요

당신이 짊어져야 할 짐이 있다면, 그러나 그것을 짊어질 수 없다면
난 바로 (당신이 가는) 그 길에 있어요, 당신이 나를 부르기만 하면
내가 당신의 짐을 같이 나눌게요.

나를 불러요, 나를 불러요, 나를 불러요
나를 불러요, 나를 불러요, 나를 불러요
친구가 필요하다면 나를 불러요
나를 불러요, 나를 불러요, 나를 불러요
나를 불러요, 나를 불러요, 나를 불러요

OOOOOOOOOOOOOOOOOOOOOOOOOWWW

내게 기대요
당신이 강하지 못할 때
그러면 당신의 친구가 되어
도와줄게요
머지않아
나도 의지할 사람이 필요할 테니까요

내게 기대요, 내게 기대요 (어서 와서 내게 기대요)
내게 기대요, 내게 기대요 (어서 와서 내게 기대요)
기대요, 내게 기대요 (친구가 필요하다면)
내게 기대요
내게 기대요
내게 기대요

③ Michael Bolton의 'Lean on Me'를 듣고 떠오르는 영단어를 쓰세요.

sad, powerful, wild, harsh, desperate, despair, hope, …

4. Grammar

1) 조동사 would : will의 과거형으로 '과거 상황에서 미래를 이야기할 때' 쓰임

예문 ① I knew they **would** come. 그들이 올 거라는 것을 알고 있었죠.

② I never thought she **would** leave me.
그녀가 나를 떠날 거라는 생각은 해본 적이 없었어.

2) 사역동사 let + 목적어 + 동사원형

예문 ① But I won't gonna **let them think** I was afraid.
하지만 그들이 내가 두려워한다고 생각하도록 놔두지 않을 거예요.

② "Not everyone deserves to know the real you. **Let them criticize** who they think you are."
모든 사람이 당신을 알고 있어야 할 필요는 없습니다. 그들이 당신을 어떻게 생각하는지 비난하게 하십시오.

3) somebody to lean on : 기댈 누군가

예문 ① We all need **somebody to lean on**.
우리는 모두 누군가 기댈 사람이 필요해요.
② Now You're just **somebody that I used to know**.
이제 넌 그냥 내가 한때 알았던 사람일 뿐이야.

5. Expressions

1) **be afraid : 두려워하는; 겁내는; 염려하는**

① But I wasn't gonna let them think I **was afraid**.
하지만 그들이 내가 두려워한다고 생각하도록 놔두지 않을 생각이었어요.
② Don't **be afraid**. 겁내지 마.
③ I can't help you, **I'm afraid**. 유감이지만, 내가 널 못 도와줄 것 같아.

2) **sometimes in our lives : 살아가면서 때때로**

① **Sometimes in our lives**, we all have pain, we all have sorrow.
살면서 우린 때때로 아파하기도 하고 슬퍼하기도 하죠.
② **Sometimes in our lives**, we do make mistakes.
때때로 우리의 삶에서, 우리는 실수를 한다.
③ **Sometimes** unexpected accidents happen **in our lives**.
가끔씩 우리 생활에는 예상하지 못한 사고가 발생합니다.

3) **lean on somebody/something : ~에 기대다**

① **Lean on me**. 나에게 기대세요.
② He has no one to **lean on**. 그는 비빌 언덕이 없다.

4) **carry on : 계속 가다**

① I'll be your friend, I'll help you **carry on**.

내가 당신의 친구가 되어, 당신을 도와줄게요.

② **Carry on** with your work while I'm away. 내가 없는 동안 공부 계속해.

③ **Carry on** until you get to the junction, then turn left.
교차로까지 계속 가다가 거기서 좌회전하세요.

5) **won't be long : 머지않아**

① For it **won't be long** 'til I'm gonna need somebody to lean on.
머지않아 나도 의지할 누군가가 필요할 테니까요.

② I **won't be long**. 금방 올게요.

③ It **won't be long** before we look forward to spring.
봄을 기다리는 것도 얼마 안 남았어.

6) **Swallow your pride : 자존심 따위는 버려라**

① Please **swallow your pride** if there are things you need to borrow.
만일 당신이 필요한 것이 있다면 자존심 따위는 버리세요.

② It's time to **swallow your pride** and ask for your job back.
당신이 자존심을 죽이고 일자리를 다시 달라고 부탁해야 할 때이다.

7) **call on/upon somebody : (연설 등을) ~에게 청하다[부탁하다]; 요구하다**

① You just **call on me** brother, when you need a hand.
그냥 날 불러요, 형제여, 도움이 필요할 때

② I now **call upon the chairman** to address the meeting.
이제 회의에 참석한 분들께 한 말씀 해주시도록 의장님을 모시겠습니다.

8) **need a hand : 도움이 필요하다**

① You just call me brother, when you **need a hand.**
그냥 날 불러요, 형제여, 도움이 필요할 때.

② Do you **need a hand** with your report? 보고서 쓰는 데 도움이 필요해요?

③ If you **need a hand**, just let me know. 언제나 도움이 필요하면 나한테 말해.

6. Mission

1) 영상을 보며 빈칸을 채워보세요.

①~② 영상 보기 https://youtu.be/5XQqslDEoel 또는

① **[0:00-0:14]** Their smell ______ everywhere. They ______ hunting me again.
사방에서 그들의 냄새를 맡을 수 있었어요. 그들은 또 나를 사냥하고 있었어요.

② **[0:20-0:27]** I knew they ________ come. But I wasn't gonna let _______ think I was afraid.
그들이 (다시) 올 거라는 것을 알고 있었죠. 하지만 그들이 내가 두려워한다고 생각하도록 놔두지 않을 생각이었어요.

③~⑦ 음악 듣기 https://youtu.be/L49cCbodrvA 또는

③ **[0:15-0:37]** Sometimes in our _________, we all have pain, we all have _________. But if we are ________, we know that ________ always tomorrow.
살면서 우린 때때로 아파하기도 하고 슬퍼하기도 하죠. 하지만 우리가 현명하다면 내일이 항상 온다는 사실을 알 거예요.

④ **[0:38-1:04]** Lean on me, when ________ not strong, I'll be your friend, I'll help ______ carry on. For it ________ be long 'til I'm gonna need somebody _____ lean on.
당신이 강하지 못할 때 내게 기대요, 그러면 당신의 친구가 되어 도와줄게요. 머지않아 나도 의지할 사람이 필요할 테니까요.

⑤ **[1:13-1:36]** Please swallow your pride _____ there are things you need _____ borrow. For no one can fill ________ of your needs that you won't ______ show.
만일 당신이 필요한 것이 있다면 자존심은 버려요. 당신이 필요한 걸 말하지 않으면 아무도 그것(당신의 욕구)을 채워줄 수 없어요

⑥ **[2:11-2:34]** You just call ____ me brother when you need ____ hand. We all need somebody (to lean on). I just _______ have a problem that ________ understand. We all need somebody _____ lean on.

그냥 날 불러요, 형제여, 도움이 필요할 때. 우리는 모두 누군가 (기댈 사람이) 필요해요. 내가 가진 고민거리를 당신이 이해할 수도 있겠죠. 우리는 모두 누군가 (의지할 사람이) 필요해요.

2) 아래 밑줄 친 부분을 우리말로 해석해보세요.

⑦ **[0:50-1:04]** For <u>it won't be long</u> 'til I'm gonna need somebody to lean on.

⑧ 음악 듣기 https://youtu.be/nl88hL86y-Q 또는

⑧ **[2:22-2:43]** <u>If there is a load that you have to bear</u>, that you can't carry, I'm right up the road, I'll share your load if you just call me.

3) 문장을 영어로 표현해보세요.

⑨~⑩ 영상 보기 https://youtu.be/5XQqslDEoel 또는

⑨ **[2:04-2:18]** 벨라는 용감하게 코요테 무리에 대항하여 싸웠다.

⑩ **[3:02-3:15]** 벨라와 큰 고양이가 재회하여 서로 코를 비벼대는 장면이 너무 귀엽다.

학습정리

stalk	(사냥감·사람 등에) 몰래 접근하다; 가만히 뒤를 밟다
chase	뒤쫓다; 추적하다
corner	(구석에) 가두다; (궁지에) 몰아넣다
furiously	미친 듯이 노하여; 맹렬히
against	~에 반대하여[맞서; 대항하여]
nuzzle	(특히 애정 표시로 무엇에) 코[입]를 비비다
lean	~에 기대다[의지하다]
lives	[life의 복수형] 살아 있음; 삶; 생(명)
beloved	(대단히) 사랑하는; 총애받는; 인기 많은
charming	매력적인; 멋진
adorable	사랑스러운; 경애하는
homesick	향수에 잠긴; 향수병을 앓는
loneliness	고독; 외로움
sorrow	슬픔; 비애 (= grief/sadness)
longing	[명사] 갈망; 열망; [형용사] 갈망[열망]하는
nostalgia	향수
harsh	(목소리·호흡 등이) 거친; 가혹한; 냉혹한; 혹독한; 강력한
desperate	필사적인; 간절히 원하는; 자포자기한; 발악하는
despair	[명사] 절망; [동사] 절망[체념]하다 (≠hope)

영화로 배우는 영어

A Dog's Way Home

WEEK

11

Hit by a Car

학습목표

1. 영상에 나오는 주요 단어와 표현을 말할 수 있다.
2. 문장의 구조와 문법을 설명하고, 주요 표현들을 맥락 속에서 확장시킬 수 있다.
3. 학습한 단어와 표현들을 자유자재로 활용할 수 있다.

복습점검

빈칸에 들어갈 영단어를 쓰세요.

1. I knew they ________ come. 그들이 올 거라는 것을 알고 있었죠.

2. But I won't gonna let them ________ I was afraid.
하지만 그들이 내가 두려워한다고 생각하도록 놔두지 않을 거예요.

3. We all need somebody ______ lean on. 우리는 모두 누군가 기댈 사람이 필요해요.

학습내용

1. Introduction

1) **A Dog's Way Home - Hit by a Car (8/10)**

2) **Situation(상황)**

벨라는 집에 도착하기 위해 혼잡한 고속도로를 건너려고 한다. 달리던 차들이 벨라를 피하려다 급정차하고 그녀를 구하려 하지만, 벨라는 멈추지 않고 계속 가다 결국 차에 치인다. 사이렌 소리가 들리고 경찰이 잡으러 오는데 벨라는 다시 일어나 다친 다리로 절룩거리며 루카스의 집을 향해 걸어간다.

2. Film Script

A Dog's Way Home - Hit by a Car (8/10)

영상 보기 https://youtu.be/hcWY1CYRCsw 또는

Scene 1

Bella enters the highway in Denver. She tries to cross a busy highway in order to get home. The cars that were running stop and try to save Bella.

(벨라는 덴버의 고속도로로 진입하여, 집에 도착하기 위해 혼잡한 고속도로를 건너려고 한다. 달리던 차들이 벨라를 피하려다 급정차하고 그녀를 구하려 한다.)

Scene 2

Woman : Oh! A dog! Puppy, come here! Come here, puppy!
Come here! Come here, puppy!

Man : You okay?

Woman : Yeah.

Bella : Just stop. Please

Man : What's happening?
Come on.

Bella : Please stop.

Man : Here, boy. Come here. Come here, girl. Come here. Come here, baby.

여자 : 오! 개! 강아지야, 이리 와! 이리 와, 강아지야!

여자 : 이리 와! 이리 와, 강아지야!

남자 : 괜찮아요?

여자 : 네.

벨라 : 그냥 멈춰주세요. 제발

남자 : 무슨 일이야? 어서.

벨라 : 제발 멈춰주세요.

남자 : 이리로, 자식. 이리 와. 이리 와, 얘야. 이리 와. 이리 와, 강아지야.

(벨라로 인해 달리던 차량들이 혼선을 빚고 급정차를 하게 된다. 운전자들이 놀라 차에서 내리고 벨라를 구하려 한다.)

Scene 3

But Bella goes on and ends up bumping into a car. There's a siren and the police come to catch Bella. Bella gets up again and limps toward home.

Bella : It hurt so much, but I had to keep going.

그러나 벨라는 멈추지 않고 계속 가다 결국 차에 치인다. 사이렌 소리가 들리고 경찰이 잡으러 온다. 벨라는 너무 아팠지만, 다시 일어나 다친 다리로 절룩거리며 루카스의 집을 향해 걸어간다.

벨라 : 너무 아팠지만, 저는 계속 가야만 했어요.

Scene 4

음악 듣기 https://youtu.be/PMWd63W2iY4 또는

♬ Everywhere - Ida Redig ♬

Can you hear me calling out your name?
You know that I'm falling and I don't know what to say
Speak a little louder, I'll even shout
You know that I'm proud and I can't get the words out
I wanna be with you everywhere
Oh I... Wanna be with you

♬ 어디에나 - 이다 레딕 ♬

내가 네 이름을 부르는 소리가 들리니?
내가 너에게 빠져들고 무슨 말을 해야 할지 모른다는 것을 넌 알지
좀 더 크게 말해봐, 내가 소리쳐줄게

내가 자존심이 있어서 말을 꺼내지 못한다는 걸 넌 알잖아
어디든 너와 함께 있고 싶어
오! 난 너와 함께 있고 싶어

Scene 5

♬
Something's happening, happening to me
My friends say I'm acting peculiarly
Come on baby, We better make a start
You better make it soon before you break my heart
Oh I... Wanna be with you everywhere
Oh I... Wanna be with you everywhere, everywhere
Oh I... Wanna be with you

내게 무슨 일이 일어나고 있어, 무슨 일이 일어나고 있어
내 친구들은 내가 특이하게 행동하고 있다고 해
어서, 우린 시작하는 게 좋겠어
내 마음을 아프게 하기 전에 빨리 만드는 게 좋을 거야.
난 어디든 너와 함께 있고 싶어
난 어디든 어디든 너와 함께 있고 싶어
오! 난 너와 함께 있고 싶어

Scene 6

♬
Can you hear me calling out your name?
You know that I'm falling and I don't know what to say
Come along baby, We better make a start
You better make it soon before you break my heart
Oh I... Wanna be with you everywhere, everywhere
Oh I... Wanna be with you everywhere, everywhere
Oh I... Wanna be with you everywhere, everywhere

Oh I... Wanna be with you everywhere, everywhere
Oh I... Wanna be with you everywhere, everywhere
Oh I... Wanna be with you

내가 네 이름을 부르는 소리가 들리니?
내가 너에게 빠져들고 무슨 말을 해야 할지 모른다는 것을 넌 알지
어서, 우린 시작하는 게 좋겠어
내 마음을 아프게 하기 전에 빨리 만드는 게 좋을 거야.
난 어디든 어디든 너와 함께 있고 싶어
난 어디든 어디든 너와 함께 있고 싶어
난 어디든 어디든 너와 함께 있고 싶어
난 어디든 어디든 너와 함께 있고 싶어
난 어디든 어디든 너와 함께 있고 싶어
오! 난 너와 함께 있고 싶어

Scene 7

♬

Can you hear me calling out your name
You know that I'm falling and I don't know what to say
Speak a little louder I'll even shout
You know that I'm proud and I can't get the words out
Oh I... I wanna be with you everywhere
Oh I... Wanna be with you

내가 네 이름을 부르는 소리가 들리니?
내가 너에게 빠져들고 무슨 말을 해야 할지 모른다는 것을 넌 알지
좀 더 크게 말해봐, 내가 소리쳐줄게
내가 자존심이 있어서 말을 꺼내지 못한다는 걸 넌 알잖아
어디든 너와 함께 있고 싶어
오! 난 너와 함께 있고 싶어

Ida Redig(1987~)

• Everywhere (A Dog's Way Home OFFICIAL SOUNDTRACK, Lylics)

출처 Musixmatch
작사 Christine Mcvie
Everywhere **가사** © Universal Music - Careers

Ida Carolina Redig (born 10 July 1987), also known as GIRL, is a Swedish singer, actress, music producer and songwriter. She participated in Melodifestivalen 2018 in the second semifinal with the song "Allting som vi sa", where she placed fifth and got eliminated.

Redig has the last years mainly written pop music in Swedish. As a music producer, she has, among other things, been nominated for SKAPS "Music Producer of the Year" award.

GIRL로도 알려진 이다 캐롤라이나 레딕(1987년 7월 10일 출생)은 스웨덴의 가수, 배우, 음악 프로듀서 및 작곡가다. 그녀는 2018년 제2회 준결승에서 "Alling some vi sa(우리가 말한 모든 것)"로 참가해 5위를 차지했고 탈락했다.

레딕은 지난 몇 년 동안 주로 스웨덴어로 대중음악을 작곡했다. 음악 프로듀서로서 그녀는 무엇보다도 SKAPS(스웨덴 작곡가 겸 작가 협회)의 '올해의 음악 프로듀서' 상 후보에 올랐다.

3. More Related Words

1) limp

뜻 [동사] 다리를 절다[절뚝거리다]
[형용사] 기운[활기]이 없는; 축 처진

예 He walked with a pronounced **limp**.
그는 확연히 드러나게 절뚝거리며 걸었다.

limp	예	She felt **limp** and exhausted. 그녀는 기운이 없고 기진맥진한 기분이었다.
pronounced	뜻	확연한; 단호한; 천명된
	예	She has very **pronounced** views on art. 그녀는 예술에 대해 아주 단호한 견해를 갖고 있다.
exhausted	뜻	기진맥진한; 진이 다 빠진; 탈진한; 다 써 버린; 고갈된
	예	The **exhausted** climbers were rescued by helicopter. 탈진한 등산객들은 헬리콥터로 구조되었다. She felt **exhausted** after the traumas of recent weeks. 그녀는 최근 몇 주 동안의 충격적인 경험을 겪은 후 완전히 기진맥진한 기분이었다. Even a short walk **exhausted** her. 그녀는 잠깐만 걸어도 기진맥진했다.

2) falling

falling	뜻	~에 빠져드는 **e.g.** falling into her song : 그녀의 노래에 빠져드는 falling in love : 사랑에 빠져드는
	예	You know that I'm **falling** and I don't know what to say. 내가 너에게 빠져들고 무슨 말을 해야 할지 모른다는 것을 넌 알지. I think I'm **falling** for you. 나 너에게 빠진 것 같아.

3) peculiarly

peculiarly	뜻	1. 아주; 특히 (= particularly, especially) 2. 독특하게 (= uniquely) 3. 이상하게; 유별나게
	예	He is **peculiarly** sensitive to colors. 그는 색깔에 특히 민감하다.

peculiarly

예 He seemed to believe that it was a **peculiarly** British problem.
그는 그것을 독특하게 영국적인 문제라고 생각하는 듯했다.
Cricket is **peculiarly** the Englishman's own game.
크리켓은 아주 독특한 영국인 특유의 경기이다.

sensitive

뜻 민감한; 예민한; 세심한; 감성 있는 (≠insensitive)

예 She is very **sensitive** by nature. 그녀는 천성이 아주 예민하다.
She's very **sensitive** to criticism. 그녀는 비판에 아주 민감하다.
My teeth are very **sensitive** to cold food.
내 치아는 찬 음식에 아주 민감하다.
Why are you so **sensitive**? 왜 이렇게 예민해?

cricket

뜻 크리켓(영국과 영연방 국가들에서 주로 하며, 11명으로 이뤄진 두 팀이 벌이는 야구 비슷한 경기)

예 They competed in white-ball **cricket**.
그들은 흰 공을 쓰는 하루짜리 크리켓 경기에서 승부를 겨루었다.
He played red-ball **cricket** for the first time.
그는 붉은 공으로 하는 크리켓 테스트 매치에 처음으로 출전했다.

4. Grammar

1) 지각동사

- 시각, 청각, 촉각, 후각, 미각과 같은 감각기관을 통해 어떤 사실, 사건, 동작을 인지하는 동사 (see, watch, look at, notice, hear, listen, feel, smell 등)
- 5형식 문장으로 사용 : 주어 + 동사 + 목적어 + 목적격 보어(원형부정사 또는 현재분사)

예문 ① Can you **hear me calling** out you name?
내가 네 이름을 부르는 소리가 들리니?
② I **saw him cross** the road. 그가 길을 건너는 것을 보았다.
③ I **saw him crossing** the road. 그가 길을 건너고 있는 것을 보았다.

④ They **heard someone scream** in the house.
그들은 누군가가 그 집에서 소리치는 걸 들었다.

⑤ They **heard someone screaming** in the house.
그들은 누군가가 그 집에서 소리치고 있는 것을 들었다.

⑥ He **felt something coming** toward him.
그는 무언가가 그에게 다가오는 것을 느꼈다.

⑦ I **smelled my mother cook** in the kitchen.
나는 엄마가 부엌에서 요리하는 냄새를 맡았다.

⑧ I **smelled potatoes** burning. 나는 감자가 구워지는 냄새를 맡았다.

2) 접속사 that

- that + 주어 + 동사 : ~라는 것 (know, think, believe, hope 등 동사의 목적어를 이끌며 이때 that은 생략 가능)

예문 ① You know **(that)** I'm falling and I don't know what to say.
내가 너에게 빠져들고 무슨 말을 해야 할지 모른다는 것을 넌 알지.

② I know the fact **(that)** he is smart.
나는 그가 똑똑하는 것을 안다.

cf. I know the boy **that/who** is smart. → that: 관계대명사
나는 그 소년이 똑똑하는 것을 안다.

3) You better (= You should)~ : 너는 ~하는 게 좋겠어

- 어떤 주어(I, He, She, We, It, They)든 함께 사용할 수 있다.
- '충고(advice)'나 '경고(warning)'의 의미를 내포한다.
- 미국 남부에서 흔히 사용되며, 다음과 같은 표현들의 축약형으로 사용된다.
  - You would be better off ~ : 너는 ~하는 게 좋겠어. ~하는 편이 낫다
  - You would be better to ~ : 너는 ~하는 게 좋겠어. ~하는 편이 좋을 것이다
  - You'd be better ~ : 너는 ~하는 게 좋겠어. ~하는 게 나을 거야
  - You'd better ~ : 너는 ~하는 게 낫다

예문 ① **You better** not cry. 울지 않는 게 좋아.
② **You better** hit the books soon. 빨리 공부하는 게 좋을 거야.
③ Baby, **you better** go to sleep! 아가야, 빨리 자야될 거 같은데?
④ **You would be better off** without my help.
너는 나의 도움 없이 하는 것이 더 나을 거야.
⑤ If you are interested in stories with happy endings, you **would be better off** reading some other book. 행복한 결말이 나오는 이야기를 좋아하는 사람이라면, 다른 책을 읽는 것이 좋다.
⑥ You have a point - **it would be better to** wait till this evening.
당신 말이 맞아요. 오늘 저녁까지 기다리는 게 좋겠어요.
⑦ It **would be better** for you to control the size of your meals.
당신은 식사량을 조절하는 것이 좋겠습니다.
⑧ **You'd be better** going by bus. 버스로 가는 게 나을 것이다.
⑨ **You'd better** believe it! 틀림없어! (= **You better** believe it!)
⑩ **You'd better** get cleaned up. 너 좀 씻는 게 좋겠다.
⑪ **We'd better** take a taxi. 우리가 택시를 타는 게 낫겠다.
⑫ **You'd better** quit drinking. 술을 끊는 게 좋겠어요.

5. Expressions

1) **It hurt so much : 몹시 아팠다 [hurt - hurt - hurt]**

① **It hurt so much**, but I had to keep going.
② **It** won't/wouldn't **hurt** (somebody/something) (to do something)
(~ 해서) 나쁠 것 없다.
③ **It** doesn't **hurt** to ask. 물어봐서 손해 볼 건 없어.

2) **keep going : 앞으로 계속 가세요**

① It hurt so much, but I had to **keep going**. 몹시 아팠지만, 난 계속 가야만 했어요.
② **Keep going**, Sarah, you're nearly there. 계속해, 사라. 거의 다 됐어.

3) **call out ~ : ~을 부르다**

① Can you hear me **calling out** your name? 내가 네 이름을 부르는 게 들리니?

② I will **call (out)** the names without the titles. 존칭은 생략하고 이름을 부르겠습니다.

4) **falling : 빠진; 빠져드는**

① I think I'm **falling** for you. 나 너에게 빠진 것 같아.

② They **fall** in love. 이 둘은 사랑에 빠지게 된다.

③ There's something about **fall** that makes me want to fall in love.
가을에는 사랑에 빠지고 싶게 만드는 뭔가 특별한 게 있어.

5) **Speak a little louder : 좀 더 크게 말해봐**

① **Speak a little louder**, I'll even shout. 좀 더 크게 말해봐, 내가 소리쳐줄게.

② Would you **speak a little louder**? 좀 더 크게 말씀해 주시겠어요?

6) **get out : (간신히) 말하다**

① I can't **get** the words **out**. 말이 잘 안 나와요.

② She managed to **get out** a few words of thanks.
그녀는 간신히 몇 마디 고맙다는 말을 했다.

7) **make a start : 시작하다; 출발하다**

① We better **make a start**. 우린 시작하는 게 좋겠다.

② He **made a start** in the study of AI(Artificial Intelligence).
그는 인공지능의 연구를 시작했다.

③ "This was the place to **make a start**," I said to myself.
"이곳이 출발할 장소였어."라고 나는 중얼거렸다.

④ I want to **make a** strong **start** with you.
여러분과 스타트를 강렬하게 했으면 좋겠습니다.

8) **break my heart : 마음을 아프게 하다**

① You better make it soon before you **break my heart**.
내 마음을 아프게 하기 전에 빨리 만드는 게 좋을 거야.

② I'm afraid you'll **break my heart**. 네가 내 마음을 아프게 할까 봐 난 두려워.

③ With or without you, you'll only **break my heart**.
당신이 내 곁에 있거나 없거나, 당신은 항상 내 마음을 아프게 할 뿐입니다.

6. Mission

1) 영상을 보며 빈칸을 채워보세요.

음악 듣기 https://youtu.be/PMWd63W2iY4 또는

① **[00:10-00:13]** Can you hear me ________ out your name?
내가 네 이름을 부르는 소리가 들리니?

② **[00:14-00:18]** You know ______ I'm falling and I don't know ______ to say.
내가 너에게 빠져들고 무슨 말을 해야 할지 모른다는 것을 넌 알지.

③ **[00:19-00:22]** Speak a little louder, I'll ______ shout.
좀 더 크게 말해봐, 내가 소리쳐줄게.

④ **[00:23-00:26]** You know that ____ proud and I can't ______ the words out.
내가 자존심이 있어서 말을 꺼내지 못한다는 걸 넌 알잖아.

⑤ **[00:44-00:47]** Something____ happening, happening ______ me.
내게 무슨 일이 일어나고 있어, 무슨 일이 일어나고 있어.

⑥ **[00:57-01:00]** You ________ make it soon before you ________ my heart.
내 마음을 아프게 하기 전에 빨리 만드는 게 좋을 거야.

2) 아래 밑줄 친 부분을 우리말로 해석해보세요.

⑦ <u>It hurt</u> so much.

⑧ My friends say I'm acting <u>peculiarly</u>.

3) 문장을 영어로 표현해보세요.

⑨ 우린 시작하는 게 좋겠어요.

⑩ 어디든 당신과 함께 있고 싶어요.

학습정리

1. hurt	아프다; 다치게 하다 [hurt – hurt – hurt]
2. limp	다리를 절뚝거리다
3. pronounced	확연히 드러나는; 단호한; 천명된
4. exhausted	기진맥진한; 진이 다 빠진; 탈진한
5. falling	~에 빠져드는; fall: 떨어지다; 빠지다; 내리다
6. peculiarly	유별나게; 이상하게; 독특하게; 아주; 특히
7. sensitive	민감한; 예민한; 세심한; 감성 있는 (≠insensitive)
8. cricket	크리켓(영국과 영연방 국가들에서 주로 하며, 11명으로 이뤄진 두 팀이 벌이는 야구 비슷한 경기)
9. call out	부르다
10. keep going	앞으로 계속 가다
11. falling	빠져드는
12. get out	(간신히) 말하다
13. make a start	시작하다; 출발하다
14. break one's heart	(실연 따위로) 몹시 실망시키다[하다]; 비탄에 잠기게 하다[잠기다]
15. You better	너는 ~하는게 좋아 (= You should)
16. You would be better off	너는 ~하는 편이 낫다
17. You would be better to	너는 ~하는 편이 좋을 것이다
18. You'd be better	너는 ~하는 게 나을 거야
19. You'd better	너는 ~하는 게 낫다

영화로 배우는 영어

A Dog's Way Home

WEEK

12

Finding Her Human

학습목표

1. 영상에 나오는 주요 단어와 표현을 말할 수 있다.
2. 문장의 구조와 문법을 설명하고, 주요 표현들을 맥락 속에서 확장시킬 수 있다.
3. 학습한 단어와 표현들을 자유자재로 활용할 수 있다.

복습점검

1. 빈칸에 들어갈 영단어를 쓰세요.

I felt my heart ________ wildly. 나는 가슴이 몹시 뛰는 것을 느꼈다.

2. 다음 문장 중 that을 생략할 수 없는 것을 고르세요.

① You know that I'm falling in love with you.
② I know the girl that is smart.
③ This is the way that he did it.
④ The girl that Susan teaches English is my sister.

3. 빈칸에 들어갈 영단어를 쓰세요.

You'd better ______ drinking. 술을 끊는 게 좋겠어요.

학습내용

1. Introduction

1) **A Dog's Way Home (2018) - Finding Her Human (9/10)**

2) **Situation(상황)**

벨라는 루카스의 집을 찾아가지만, 그곳은 이미 다른 주인이 살고 있고 그 집주인은 단속반에 신고를 한다. 벨라를 잡아갔던 척이 나타나서 벨라는 다시 도망치게 된다. 벨라는 마지막 희망을 걸고 루카스의 직장인 재향군인 병원을 찾아가는데 거기서 맥, 테오(Teo) 등이 벨라를 알아보고 놀라워한다. 마침내 2년 반 만에 벨라는 루카스 품에 안기게 되고, 올리비아(Olivia)와 테리(Terri)와도 즐겁게 재회한다.

2. Film Script

A Dog's Way Home (2018) - Finding Her Human (9/10)

영상 보기 https://youtu.be/M47Aq3yj_NQ 또는

Scene 1

Bella : There is just one more place to look for Lucas.

(**Man :** That's good.)
(**Woman :** Later.)
(**Man :** See you.)
(**Woman :** Bye.)

벨라 : 루카스를 찾을 곳은 딱 한 곳 더 있었어요.

(**남자 :** 좋아.)
(**여자 :** 이따 봐요.)
(**남자 :** 나중에 봐.)
(**여자 :** 안녕.)

Scene 2

Bella : Dogs?
(**Man :** Yeah, that's a good boy.)
Bella : I used to be the only one.
Woman 2 : Um, Olivia?
Olivia : What?
Woman 2 : I think a stray dog just came through.

벨라 : 개들이 있네?
(**남자 :** 그래, 착한 녀석.)
벨라 : 내가 유일한 개였는데.

여자 2 : 음, 올리비아?

올리비아 : 뭐?

여자 2 : 길 잃은 개가 방금 들어온 것 같아.

Scene 3

음악 듣기 https://youtu.be/3fT-Lbb5EQA 또는

♬ Don't Worry About Me - Frances ♬

I'll feel the fear for you
I'll cry your tears for you

Mack : The alarm goes off, I get up. I've got somewhere to go. I like the job.

I'll do anything I can to make you comfortable
Even if I fall down when You're not around
Don't worry about me, don't worry about me

♬ 내 걱정은 마세요 - 프랜시스 ♬

널 위해선 두려움도 느낄 수 있고,
너의 눈물도 내가 울어줄 수 있어

맥 : 알람이 울리면, 일어나서, 갈 곳이 있었지. 나는 그 일을 좋아해.

널 편하게 만들 수 있다면 나는 뭐든 할 거야
네가 내 곁에 없어 내가 무너질지라도
내 걱정은 하지 마, 내 걱정은 마

Scene 4

Mack : No way.

♬

I'll climb the hills you face

Teo : Can't be.

I'll do this in your place
I'd do anything to go through it instead of you

Teo : Bella?

But even if I fall down when You're not around

Teo : It is her! Come here! Come here, girl. What happened to you, girl?

Don't worry about me, don't worry about me

Mack : What? What is it?

맥 : 말도 안 돼.

♬

네가 마주한 언덕을 오를 거야.

테오 : 그럴 리가.

너 대신 내가 할 수 있어
널 대신해 헤쳐 나가야 할 어떤 것도 할 수 있어

테오 : 벨라?

네가 내 곁에 없어 내가 무너질지라도

테오 : 벨라다! 이리와! 어서, 벨라!
무슨 일이 있었던 거야, 벨라?

내 걱정은 하지 마, 내 걱정은 마

맥 : 뭐라고? 다시 한번 말해주겠어?

Scene 5

Lucas : No.

Bella : Lucas?

Lucas : It can't be. Bella!

♬

'Cause if I fall, you'll fall
And if I rise, we rise together
When I smile, you'll smile

Bella : Lucas, Lucas, Lucas!

And don't worry about me, don't worry about me

Lucas : Bella, Bella! You're alive.

If I'll feel the fear for you
I'll cry your tears for you

Lucas : I can't believe it. Bella, where have you been all this time?

루카스 : 설마

벨라 : 루카스?

루카스 : 믿을 수 없어. 벨라!

♬

내가 무너지면 너도 무너지니까
내가 일어나면 우리 같이 일어나고
내가 웃으면 너도 웃겠지

벨라 : 루카스, 루카스, 루카스!

그러니 내 걱정은 하지 마, 내 걱정은 마

루카스 : 벨라, 벨라! 너 살아있었구나.

널 위해선 두려움도 느낄 수 있고
너의 눈물도 내가 울어줄 수 있어

루카스 : 정말 믿을 수 없다. 벨라, 지금까지 어디 있었던 거야?

Scene 6

Olivia : Is that Bella?

Lucas : Yeah, it is. It really is.

Terri : Bella!

Olivia : Oh, my God. It's been like two and a half years.

Terri : Hi.

Bella : Lucas! Olivia! Mom! I did Go Home!

Olivia : She came home.

Lucas : I know, I know.

올리비아 : 저게 벨라야?

루카스 : 응, 그래, 정말.

테리 : 벨라!

올리비아 : 오, 맙소사. 2년 반이나 지났어.

테리 : 안녕.

벨라 : 루카스! 올리비아! 엄마! 나 "집에 가기" 했어요

올리비아 : 벨라가 집에 왔어.

루카스 : 알아, 나도 알아.

Don't Worry About Me - Frances

음악 듣기 https://youtu.be/3fT-Lbb5EQA 또는

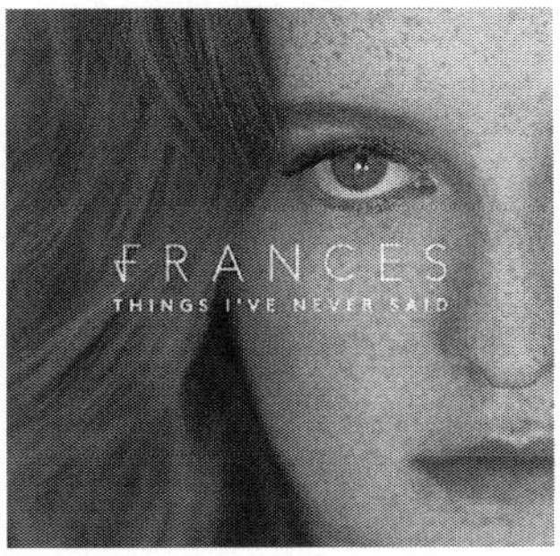

♬ Don't Worry About Me - Frances ♬

I'll feel the fear for you
I'll cry your tears for you
I'll do anything I can to make you comfortable
Even if I fall down when You're not around
Don't worry about me, don't worry about me

I'll climb the hills you face
I'll do this in your place
I'd do anything to go through it instead of you
But even if I fall down when You're not around
Don't worry about me, don't worry about me

'Cause if I fall, you'll fall
And if I rise, we rise together
When I smile, you'll smile
And don't worry about me, don't worry about me

'Cause if I fall, you'll fall
And if I rise, we rise together

When I smile, you'll smile
And don't worry about me, don't worry about me

Cause if I fall, you'll fall
And if I rise, we'll rise together
When I smile, you'll smile
And don't worry about me, don't worry about me
Don't worry about me, don't worry about me

♬ 내 걱정은 마세요 - 프랜시스 ♬

널 위해선 두려움도 느낄 수 있고,
너의 눈물도 내가 울어줄 수 있어
널 편하게 만들 수 있다면 나는 뭐든 할 거야
네가 내 곁에 없어 내가 무너질지라도
내 걱정은 하지 마, 내 걱정은 마

네가 마주한 언덕을 오를 거야.
너 대신 내가 할 수 있어
널 대신해 헤쳐 나가야 할 어떤 것도 할 수 있어
네가 내 곁에 없어 내가 무너질지라도
내 걱정은 하지 마, 내 걱정은 마

내가 무너지면 너도 무너지니까
내가 일어나면 우리 같이 일어나고
내가 웃으면 너도 웃겠지
그러니 내 걱정은 하지 마, 내 걱정은 마

내가 무너지면 너도 무너지니까
내가 일어나면 우리 같이 일어나고
내가 웃으면 너도 웃겠지
그러니 내 걱정은 하지 마, 내 걱정은 마

내가 무너지면 너도 무너지니까
내가 일어나면 우리 같이 일어나고
내가 웃으면 너도 웃겠지
그러니 내 걱정은 하지 마, 내 걱정은 마
내 걱정은 하지 마, 내 걱정은 마

3. More Related Words

1) stray

stray	뜻	[형용사] 길을 잃은, 주인이 없는 [동사] (자기도 모르게) 제 위치[길]를 벗어나다 (생각, 논의 등이) 옆길로 새다, (딴 이야기로) 벗어나다
	예	**stray** dogs 길[주인] 잃은 개들 **stray** dogs needing new homes 새로운 가정을 필요로 하는 떠돌이[주인 없는] 개들 Finally, the shepherd found the **stray** lamb. 마침내 목동은 길 잃은 양을 찾았다.
wander	뜻	옆길로 벗어나다, 탈선하다, 나쁜 길로 빠지다
	예	You've **wandered** from the subject. 본론에서 빗나갔다.
go astray	뜻	잘못된 방향으로 가다, 잘못된 결과가 나오다
	예	Fortunately the gunman's shots **went astray**. 다행히 그 총기범이 쏜 총알들이 빗나갔다.
drift	뜻	표류하다, 떠돌다, 방랑하다, 어슬렁거리다
	예	I saw my paper ship **drift** farther away. 나는 내 종이배가 멀리 떠내려가는 것을 보았습니다.
shepherd	뜻	[명사] 양치기 [동사] (길을) 안내[인도]하다

예 A **shepherd** is in front of me. 바로 앞에 셰퍼드가 있습니다.
shepherd's pie(cottage pie)
특히 (英) 셰퍼드 파이[으깬 감자 안에 다진 고기를 넣어 만든 파이]

4. Grammar

1) used to 동사원형: (과거에) ~하곤 했었다(지금은 하지 않는다)
• 과거의 규칙적인 습관

예문 ① I **used to** be the only one.
나는 유일한 사람이었습니다. / 예전에는 나만 그랬어요.
② I **used to** live in London. 나는 과거 한때 런던에 살았다.
③ I **used to** play the violin when I was in high school.
내가 고등학교 다녔을 때 바이올린을 연주하곤 했어요.
④ I heard it **used to** be a graveyard.
거기 원래 무덤이었다고 들었어.

2) to 부정사 - 부사적 용법

예문 ① I'll do anything I can **to make** you comfortable. **[조건]**
널 편하게 만들 수 있다면 나는 뭐든 할 거야.
② My brother went to Italy **to study** music. **[목적]**
내 동생은 음악을 공부하기 위해서 이탈리아에 갔어.
③ She left Korea never **to return**. **[결과]**
그녀는 한국을 떠나 다시는 돌아오지 않았다.
④ I am sorry **to give** you so much trouble. 폐를 끼쳐 미안합니다. **[원인]**
⑤ He must be mad **to waste** so much money on horse races. **[이유·판단의 근**

거] 그는 경마에 그렇게 많은 돈을 낭비하다니 미친것이 틀림없어.

⑥ This question is very difficult **to solve**. **[형용사 수식]**
이 문제는 매우 풀기 어렵다.

⑦ He is rich enough **to buy** a plane of his own. **[부사 수식]**
그는 자기 비행기를 살 만큼 부유하다.

⑧ The dog is, so **to speak**, a member of the family. **[독립부정사]**
그 개는 말하자면 가족의 일원과 같다.

3) Even if ~ : 심지어 만약 ~하더라도 [가정]

- 만약에 이렇다 할지라도 하면서 가정을 하는 것

예문 ① **Even if** I fall down when You're not around,
네가 내 곁에 없어서 내가 무너질지라도,

② I'll get there, **even if** I have to walk. 난 걸어서라도 거기 갈 거야.

③ **Even if** you did see someone, you can't be sure it was him.
네가 누군가를 보았다 하더라도 그 사람이 그라는 것을 확신할 수는 없다.

cf. **Even though 비록 ~하긴 하지만 [사실]**
→ 비록 현실이 이렇지만 이라고 얘기하는 것.

① She never took a taxi, **even though** she could afford to.
그녀는 여유가 될 때에도 절대 택시를 타지 않았다.

② He's the best teacher, **even though** he has the least experience.
그는 비록 경험은 가장 적지만 가장 훌륭한 선생님이다.

③ I like her, **even though** she can be annoying at times.
난 그녀를 좋아해. 그녀가 가끔 짜증스러울 때도 있지만 말야.

5. Expressions

1) **look for : ~을 찾다**

① There was just one more place to look for Lucas.
루카스를 찾을 곳이 딱 한군데 더 있었어요.

② It's not there even if you look for it? Really? 찾아봐도 없어요? 정말요?

2) **come through : 들어오다[도착하다]**

① I think a stray dog just came through. 길 잃은 개가 방금 들어온 것 같아요.

② A message is just coming through. 메시지가 막 들어오고 있어요.

3) **go off : 가 버리다**

① The alarm goes off. 알람이 울립니다.

② What time do you go off duty? 당신 언제 근무를 쉬나요?

③ The smoke detector is not going to go off, right? It's okay?
여기 화재 경보령 뜨는 거 아니죠? 괜찮아요?

4) **get up : (잠자리에서) 일어나다; ~를 깨우다; 일어서다**

① The alarm goes off, I get up. 알람이 울리면, 난 일어난다.

② He always gets up early. 그는 항상 일찍 일어난다.

5) **make you comfortable : 당신을 편안하게 하다**

① I'll do anything I can to make you comfortable.
널 편하게 만들 수 있다면 나는 뭐든 할 거야

② Casual wears can make you feel comfortable.
평상복은 여러분이 편안함을 느끼도록 한다.

③ I'll make you comfortable as well before you go to sleep.
여러분 잠자기 전에 편안하게 해드리겠습니다.

6) **fall down : 무너지다 ; 쓰러지다**

① Even if I fall down when you're not around,

네가 없을 때 내가 넘어져도

② The building is likely to **fall down**. 그 건물은 무너질 것 같다.

7) **in your place : 당신 처지에서 ; 당신이라면**

① I'll do this **in your place**. 너 대신 내가 할 수 있어.

② I wouldn't like to be **in your place**. 난 당신 같은 처지가 되고 싶지 않아.

③ If I were **in your place**, I'd resign immediately.
내가 당신이라면[나 같으면] 즉각 사직하겠어요.

8) **go through : 헤쳐 나가다 ; 거치다**

① I'd do anything to **go through** it instead of you.
널 대신해 헤쳐 나가야 할 어떤 것도 할 수 있어.

② Most teenagers **go through** a period of rebelling.
대부분의 십대들이 반항기를 거친다.

③ Don't worry about the baby not wanting to leave you – it's a stage they **go through**.
아기가 당신과 떨어지고 싶어 하지 않는 것을 걱정하지 마세요. 그것은 그들이 거치는 단계니까요.

9) **two and a half years : 2년 반**

① It's been like **two and a half years**. 2년 반이나 지났어.

② I started here **two and a half years** ago. 여기서 근무를 시작한지 2년 반 됐습니다.

③ Look, in **two and a half years**, everything will be paid off and we can do what we want.
자, 빚은 2년 반이면 모두 갚을 테고 그러면 우리가 하고 싶은 걸 할 수 있을 거예요.

6. Mission

1) 영상을 보며 빈칸을 채워보세요.

영상 보기 https://youtu.be/M47Aq3yj_NQ 또는

① **[00:00-00:05]** There was just one more place _____ look for Lucas.
루카스를 찾을 곳은 딱 한 곳 더 있었어요.

② **[00:24-00:26]** I used to ____ the only one. 내가 유일한 개였는데.

③ **[00:40-00:42]** I'll do ___________ I can. 난 뭐든 할 거야.

④ **[00:43-00:45]** to make ___ comfortable 널 편하게 해주기 위해서

⑤ **[01:19-01:21]** What happened _____ you? 너에게 무슨 일이 있었던 거야?

⑥ **[02:07-02:10]** I can't believe it. Bella, where have you ______ all this time?
정말 믿을 수 없다. 벨라, 지금까지 어디 있었어?

2) 아래 밑줄 친 부분을 우리말로 해석해보세요.

⑦ I think <u>a stray dog</u> just came through.

⑧ <u>If I were in your place</u>, I'd resign immediately.

3) 문장을 영어로 표현해보세요.

⑨ 2년 반이나 지났어.

⑩ 널 편하게 만들 수 있다면 나는 뭐든 할 거야.

학습정리

1. stray	길을 잃은; 주인이 없는
2. wander	옆길로 벗어나다; 탈선하다; 본론에서 빗나가다
3. go astray	잘못된 방향으로 가다; 잘못된 결과가 나오다
4. drift	표류하다; 떠돌다; 방랑하다; 어슬렁거리다
5. shepherd	양치기
6. shepherd's pie(cottage pie)	셰퍼드 파이(으깬 감자 안에 다진 고기를 넣어 만든 파이)
7. used to	~하곤 했었다
8. to 부정사의 부사적 용법	조건, 목적, 결과, 원인, 이유·판단의 근거, 형용사/부사 수식 독립부정사
9. even if	심지어 만약 ~하더라도 [가정]
10. even though	비록 ~하긴 하지만 [사실]
11. look for	~을 찾다
12. come through	들어오다[도착하다]
13. go off	가 버리다; (알람이) 울리다
14. get up	(잠자리에서) 일어나다; 일어서다
15. make you comfortable	당신을 편안하게 하다
16. fall down	무너지다; 쓰러지다
17. in your place	당신 처지에서; 당신이라면
18. go through	헤쳐 나가다; 거치다

WEEK
13

Standing Up to the Dogcatcher

학습목표

1. 영상에 나오는 주요 단어와 표현을 말할 수 있다.
2. 문장의 구조와 문법을 설명하고, 주요 표현들을 맥락 속에서 확장시킬 수 있다.
3. 학습한 단어와 표현들을 자유자재로 활용할 수 있다.

복습점검

1. 아래 문장 중 잘못된 것을 고르세요.

① I used to playing football when I was a boy.
② There used to be a pond in the garden.
③ My sister is used to studying at night.
④ The tool is used to fix that shelf.

2. 아래 문장 중 'to 부정사'의 쓰임이 다른 것을 고르세요.

① My brother went to Italy to study music.
② I am sorry to give you so much trouble.
③ I would be happy to accompany you.
④ He has no house to live in.

3. 아래 문장 중 어색한 쓰임을 고르세요.

① Even if you do, it's not working out.
② He's the best teacher, even if he has the least experience.
③ I'll get there, even if I have to walk.
④ Even if you did see someone, you can't be sure it was him.

학습내용

1. Introduction

1) **A Dog's Way Home (2018) - Standing Up to the Dogcatcher (10/10)**

2) **Situation(상황)**

루카스는 벨라의 다친 다리를 치료해주기 위해 수의사에게 데려가려고 하는데, 척이 경찰대장 마이카(Captain Mica)를 비롯한 경찰관들을 대동하고 도착한다. 척은 누구든 간섭하는 사람은 체포하겠다고 협박을 하며 벨라를 다시 압수하려고 한다. 마이카 대장도 법을 집행할 의무가 있다며 벨라를 구금하라고 지시한다. 그러나 루카스와 테리는 벨라를 보호하며 재향군인병원이 연방 재산이므로 덴버시의 일부가 아니어서 벨라를 압수할 이유가 없다고 주장한다. 마침내 마이카 대장은 관할권이 없음을 인정하게 되고 루카스는 벨라를 지킨다. 척은 벨라가 관할 부지를 떠나는 것을 목격하면 가만두지 않겠다고 위협하지만, 마이카 대장은 척의 과도한 열성을 꾸짖고 그에 대해 제기되는 민원들을 문제 삼아 공공업무 현장에서 끌어내린다. 그리고 경찰관들에게 해산 명령을 내린다. 벨라는 마침내 루카스와 올리비아와 함께 행복하게 지내게 된다.

2. Film Script

A Dog's Way Home (2018) - Standing Up to the Dogcatcher (10/10)

영상 보기 https://youtu.be/2T51K4xsBjg 또는

Scene 1

Lucas : Can you call the vet, tell him we're on the way?

Olivia : Yeah. Yeah.

Terri : I'll get the car.

Woman 1 : Lucas? Lucas, there's an officer outside who says you have to bring that dog out.

Lucas : I'm sorry. Come on.

루카스 : 수의사에게 전화해서 지금 간다고 전해줄래?

올리비아 : 응. 응.

테리 : 난 차를 가져올게.

여자 1 : 루카스? 밖에 경찰이 왔는데 저 개를 데리고 나오래.

루카스 : 미안해(벨라에게 속삭이듯). 괜찮아!

Scene 2

Chuck : All right, everybody. No big deal. Nothing to worry about. I'm just here for that pit bull. And if any of you interfere, these officers, they will arrest you.

Officer 1 : We don't want any trouble, but we have to take that animal.

Captain Mica : I thought I'd see why half the department is out here on a routine Animal Control call. Anybody want to fill me in?

Chuck : Captain, I'm here for a confiscation, and some of these people, they're trying to turn it into some kind of a situation. It's obstruction, harboring a dangerous animal, and disobeying a lawful order.

척 : 자, 여러분. 별일 아닙니다. 걱정할 것 없어요. 전 그냥 저 핏불 때문에 온 거에요. 만약 당신들 중 누구라도 이 관리팀원들을 방해한다면, 그들은 당신들을 체포할 거 에요.

직원 1 : 우리는 어떤 문제도 만들고 싶지 않아요. 하지만 저 동물을 데려가야만 합니다.

마이카 대장 : 일상적인 동물 통제 전화에 왜 부서의 절반이 여기에 나와 있는지 알 것 같소. 누가 자세히 좀 설명해 주겠소?

척 : 대장님, 저는 저 개를 압수하러 왔습니다. 그러나 이 사람들 중 몇몇이 이 상황을 모면하려고 하고 있어요. 그건 방해이고, 위험한 동물을 숨겨주는 것이며, 합법적인 명령에 불복종하는 것입니다.

Scene 3

Captain Mica : Uh-huh. Well, which one of you is responsible for this crime spree?

(They all raise their hands.)

I thought it might be something like that. That a pit bull? Doesn't look like a pit bull to me.

Lucas : She's my dog, sir, and she's hurt. I'm taking her to the vet.

Captain Mica : Well, I'm sorry to tell you that Chuck's right. We have to take your dog in to the shelter.

마이카 대장 : 음. 이 범죄 행위에 대해 어느 쪽이 책임이 있습니까?

(그들은 모두 손을 든다.)

나도 그런 일일 거라고 생각했소. 저게 핏불인가? 내가 보기엔 핏불 같진 않은데.

루카스 : 대장님, 그녀는 저의 개입니다. 그녀는 다쳤어요. 그래서 지금 수의사에게 데려가는 중 입니다.

마이카 대장 : 음, 이렇게 말해서 유감이지만, 척이 옳아요. 우리는 당신의 개를 보호소로 데려가야만 해요.

Scene 4

Teo : All right. But to do so, you've got to go through the 1st Battalion, 3rd Marine Division, United States Marine Corps.

Gavin : 1st Infantry, Army.

Drew : 82nd Airborne Division, U.S. Army.

Woman 2 : 6th Fleet, United States Navy.

Mack : 101st Airborne, Screaming Eagles.

Terri : 4th Infantry Division, United States Army.

Captain Mica : You really want this thing to escalate?

Terri : Do you?

테오 : 좋아요. 하지만 그러기 위해서 미국 해병대 제3사단 제1대대를 거쳐야 합니다.

게빈 : 제1 보병, 육군 도요.

드루 : 미 육군 제82 공수사단.

여자 2 : 미 해군 6함대.

맥 : 제101 공수, 비명 독수리.

테리 : 미 육군 제4보병사단.

마이카 대장 : 당신들, 정말로 이 일을 크게 만들고 싶어요?

테리 : 당신은요?

Scene 5

Captain Mica : Ma'am, my job is to enforce the law, and the law says I've got to impound this dog. Now, if that means Tasers and pepper spray, then that's what it means.

Chuck : Under Denver City Ordinance 8.

Lucas : Wait. He said "Denver."

Olivia : That's right.

Terri : But this isn't Denver. This is federal property.

Chuck : It's what?

Lucas : The VA Hospital is federal property. It isn't technically a part of the City of Denver.

Terri : So, that's it, Captain.

Mack : There doesn't have to be a fight, cause you don't have jurisdiction.

마이카 대장 : 부인, 제가 하는 일은 법을 집행하는 일입니다. 그리고 법에 따르면 이 개를 압수해야만 해요. 지금 테이저건과 후추 스프레이를 의미하는 거라면, 그렇게 해야겠죠.

척 : 덴버시 조례 8에 따르면 ...

루카스 : 잠깐, 그가 "덴버"라고 했어.

올리비아 : 맞아.

테리 : 하지만 여긴 덴버가 아닌데요. 이건 연방 자산이에요.

척 : 이게 뭐?

루카스 : 재향군인 병원은 연방 자산이에요. 엄밀히 따지면 덴버시의 일부가 아니라는 거죠.

테리 : 자, 바로 그겁니다, 대장님.

맥 : 그럼 싸울 필요 없네요. 왜냐면 당신은 관할권이 없으니까.

Scene 6

Captain Mica : Hmm. So, where did you two serve?

Mack : Basra.

Terri : Kabul.

Captain Mica : Hue, That Offensive. All right. Show's over. Let's pack it up.

Mack : Yeah.

마이카 대장 : 흠. 그래서 두 분은 어디서 복무하셨소?

맥 : 바스라.

테리 : 카불.

마이카 대장 : 휴, 그 공세. 좋아요. 쇼는 끝났어. 마무리 정리 합시다.

맥 : 옙!

Scene 7

Chuck : If I see this dog leave the premises, I will pull your car over.

Captain Mica : No, you won't.
Chuck, I get more complaints about you than all the other ACOs combined. Turn that vehicle in. I'm pulling you out of the field.
And nobody is pulling anyone over for a dog. Got it? Good.

올리비아 : Oh, my gosh, Bella, we missed you so much.

벨라 : I don't understand what just happened, but I'm pretty sure it was good.

척 : 만약 이 개가 이 구내를 떠나는 것을 보면, 당신의 차를 세울 거요.

마이카 대장 : 아니, 당신은 그렇게 못 할 거요.
척, 다른 모든 ACO민원을 합친 것보다 당신에 대한 불만이 더 많아요. 저 차를 반납해요. 당신이 이 부서 일을못하도록 할 거요. 그리고 아무도 개 하나 때문에 누군가의 차를 길 한쪽으로 대게 하지 마세요. 알겠소? 좋아요.

올리비아 : 오! 세상에, 벨라 너무 보고 싶었어.

벨라 : 전 무슨 일이 일어났는지 이해는 안되지만, 잘 된 일이었다고 확신해요.

3. More Related Words

1) vet

vet

뜻 수의사, 동물병원 (vet's) (pl. vets)
(미) veterinarian 또는 (영) veterinary surgeon의 약식 표현

예 Can you call the **vet**? 수의사에게 전화 걸어줄 수 있어?
What made you decide on a career as a **vet**?
당신이 수의사를 직업으로 삼을 결심을 하게 된 계기는 무엇이었습니까?
I've got to take the dog to the **vet**'s tomorrow.
내일 개를 수의사에게 데려가야 해.

2) interfere

interfere

뜻 간섭하다; 개입하다; 참견하다

interfere

예 And if any of you **interfere**, these officers, they will arrest you.
그리고 만약 당신들 중 누구라도 방해한다면, 이 경찰관들이 당신을 체포할 것이요.
Don't **interfere** in what doesn't concern you.
너하고 상관없는 일에 간섭하지 마.
Can he actually **interfere** like this? 이렇게 껴도 되는 건가요?

3) **routine**

routine

뜻 [명사] 규칙적으로 하는 일의 통상적인 순서와 방법; 틀, (판에 박힌) 일상
[형용사] 정례적인

예 a **routine** job 판에 박힌 일
You need a break from **routine**.
당신은 틀에 박힌 생활에서 벗어날 필요가 있어요.

4) **confiscation**

confiscation

뜻 몰수; 압수

예 I'm here for a **confiscation**. 나는 여기 압수하러 왔어요.
Confiscation of all assets was executed due to his tax evasion.
그의 탈세로 전 재산이 몰수되었다.

5) **obstruction – harboring – disobeying – lawful**

obstruction

뜻 방해; 차단; 가로막음; 장애물

예 It's **obstruction, harboring** a dangerous animal, and **disobeying** a lawful order.
그것은 방해이고, 위험한 동물을 숨겨 주는 것이고, 합법적인 명령에 불복종하는 것이다.
The abandoned car was causing an **obstruction**.
그 버려진 승용차가 도로를 막고 있었다.

harboring

뜻 [명사] 피난처; 은신처; 잠복처(refuge); 항구(port); 항만
[동사] (죄인 등을) 숨겨 주다

예 He was convicted of **harboring** a wanted criminal.
그는 수배범에게 은신처를 제공한 죄로 유죄를 선고받았다.

disobey

뜻 (사람 · 법 · 명령 등에) 불복종하다; 거역하다; 반항하다 (≠obey)
[명사] disobedience (≠obedience)

예 He was punished for **disobeying** orders.
그는 명령 불복종으로 처벌받았다.

lawful

뜻 법이 허용[인정]하는; 합법적인 (≠unlawful)

예 The stolen car was returned to its **lawful** owner.
도난 차량이 법정 소유인에게 되돌아갔다.

6) **a crime spree**

a crime spree

뜻 한바탕 마구 범행을 저지르고 돌아다님
crime: 범죄; 범행; 죄악
spree: (범행을) 한바탕 저지르기; 흥청망청 하기

예 Which one of you is responsible for this **crime spree**?
당신들 중 누가 이 범죄를 저지른 거요?
And now she's on a **crime spree**.
그리고 이제 그녀는 범죄를 저지르고 다닌다.
The nine-month **crime spree** ended when John Lewis called in police.
John Lewis가 경찰을 부르면서 9개월간의 범죄행위는 끝이 났다.

7) **shelter**

shelter

뜻 [명사] (인간 생활의 세 가지 기본 요소 중) 주거지
(비바람 · 위험 · 공격으로부터의) 피신[대피]
[동사] (비 · 바람 · 위험 등을[으로부터]) 막아주다[피할/쉴 곳을 제공하다], 보호하다

shelter	예	We have to take your dog in to the **shelter**. 당신의 개를 보호소로 데려가야 해요. The tree affords some **shelter** from the sun. 이 나무가 어느 정도 햇볕을 피할 곳을 만들어 준다.

8) **battalion – Marine Division – United States Marine Corps**

battalion	뜻	[명사] 英 대대(大隊); 격식 (특정 목적을 위해 조직된 사람들) 부대
	예	You've got to go through the 1st **Battalion, 3rd Marine Division, United States Marine Corps**. 당신은 미 해병 제1사단, 제3해병사단을 거쳐야 한다. I serve in an **infantry battalion**. 나는 보병대대에서 근무하고 있다.
marine division	뜻	(군사) 해병사단
	예	I was a lieutenant, artillery battalion, first **marine division**. 나는 해병대 1사단, 포병대대의 중위였다.
Unite States Marine Corps	뜻	[the ~] 미국 해병대
	예	These values are the foundation of the **United States Marine Corps**. 이 가치들은 미 해군의 기초이다.
infantry	뜻	보병들; 보병대
	예	The **infantry** was / were guarding the bridge. 보병대가 그 다리를 지키고 있었다.

9) **airborne division**

airborne division	뜻	공수 부대
	예	82nd **Airborne Division**, U.S. Army. 미 육군 제82 공수 사단 I served on the staff of the 16th **Airborne Division** of the Territorial Army for two years. 나는 2년 동안 영토군 제16공수 사단 소속으로 근무했다.

10) fleet

fleet

뜻 함대, [the ~] (한 나라의) 전(全)함대; 해군(력)

예 6th **Fleet**, United States Navy 미 해군 6함대

a reduction in the size of the British **fleet** 영국의 해군력 감축

11) escalate

escalate

뜻 확대[증가/악화]되다[시키다]

예 You really want this thing to **escalate**?

정말 이 일이 더 커지길 원해요?

We do not want to **escalate** the war.

우리는 그 전쟁이 확대되는 것을 원치 않아요.

12) enforce

enforce

뜻 (법률 등을) 집행[시행/실시]하다

예 My job is to **enforce** the law. 내 일은 법을 집행하는 것이다.

The legislation will be difficult to **enforce**.

그 법률은 시행이 힘들 것이다.

It's the job of the police to **enforce** the law.

법을 집행하는 것이 경찰이 할 일이다.

13) impound

impound

뜻 압수[몰수]하다(= confiscate); (길거리를 돌아다니는 개·고양이 등을 주인이 찾아갈 때까지) 가둬 두다[수용하다]

예 The law says I've got to **impound** this dog.

법에 따르면 나는 이 개를 압수해야 한다.

The car was **impounded** by the police after the accident.

그 자동차는 사고 후에 경찰에 압수되었다.

14) **taser(Taser™)**

taser

뜻 테이저 총(작은 쇠화살을 쏘아 전기 충격을 가하는 총같이 생긴 무기)

예 **Taser** gun 1. 테이저건 2. 전자충격기

He also carries a **Taser** stun gun and pepper spray.

그는 테이저 전기 충격기와 페퍼 스프레이(호신용 분사 액체)도 지니고 다닌다.

15) **pepper spray**

pepper spray

뜻 후추 스프레이

예 Police fought back with batons and **pepper spray**.

경찰은 경찰봉과 후추 스프레이를 뿌리며 대항했다.

In other words, without **pepper spray** and tasers, officers had to use physical force and this resulted in more injuries for everyone.

다시 말해서, 후추 스프레이와 테이저건 없이, 경찰관들은 물리적인 힘을 사용해야 했고, 이것은 모든 사람들에게 더 많은 부상을 초래했다.

Tear gas, **pepper spray**, tasers, and water cannons might be among their arsenal.

최루가스, 후추 스프레이, 테이저건, 물대포가 그들의 무기 중 하나일 것이다.

16) **ordinance**

ordinance

뜻 [격식] 법령; 조례

예 revise an **ordinance** 법령을 뜯어고치다

a municipal **ordinance** 시 조례

The provision is specified in the **ordinance**.

그 조항은 조례에 명시되어 있다.

City **Ordinance** 126 forbids car parking in this area.

도시법 126조는 이 지역에 주차를 금한다.

17) **federal property**

federal property

뜻 연방 자산

예 This is **federal property**. 이것은 연방 자산이다.
federal property management regulation(FPMR)
[군사] 연방 자산 관리규정

18) **jurisdiction**

jurisdiction

뜻 관할권; 사법권; 관할 구역

예 There doesn't have to be a fight, cause you don't have **jurisdiction**.
싸울 필요 없네요. 왜냐면 당신은 관할권이 없으니까.
It lies outside the **jurisdiction** of the Committee.
그것은 위원회의 권한 밖이다.
This case falls outside my **jurisdiction**.
이 사건은 내 관할 밖이다.

19) **Basra**

Basra

뜻 이라크(Iraq) 동남부; 페르시아만에 있는 항구

예 Officials in Iraq say a British helicopter has crashed in the southern city of **Basra**.
이라크 경찰은 영국군 헬리콥터가 남부도시 바스라에서 격추되었다고 밝혔습니다.
In the southern city of **Basra**, police say at least 11 people died in an incident at a Sunni mosque.
남부 바스라에서 경찰은 수니파 회교 사원에서 발생한 충돌로 적어도 11명이 사망했다고 전했습니다.

20) Kabul

Kabul

뜻 아프가니스탄의 수도이자 그 나라에서 가장 큰 도시이다. 1992년 아프가니스탄 내전이 일어났다. 1990년대 내내 여러 세력이 엉켜 계속된 내전으로 카불은 큰 피해를 입었고 도시 곳곳이 파괴되었다.

예 **Kabul** Afghanistan International Airport
카불 아프가니스탄 국제공항

〈출처: https://ko.wikipedia.org/wiki/%EC%B9%B4%EB%B6%88〉

21) offensive

offensive

뜻 (군사적) 공격 (= strike); 공세

예 They start to make an **offensive**. That **offensive** essentially continues through the course of World War I.
그들이 공세를 펼치는데 그 공세는 1차 세계대전 내내 지속된다.
Russia's Foreign Ministry noted that Israel's **offensive** in Lebanon has gone far beyond an anti-terror operation.
러시아 외무부는 20일, 레바논에 대한 이스라엘의 공격이 반(反)테러 작전과는 거리가 있다고 밝혔습니다.

22) premises

premises

뜻 (한 사업체가 소유·사용하는 건물이 딸린) 부지[지역]; 구내

예 If I see this dog leave the **premises**, I will pull your car over.
만약 이 개가 이 구역을 떠나는 것을 보면, 당신의 차를 세울 거요.
The company has just acquired new **premises**.
그 회사가 최근에 새 부지와 건물을 취득했다.

23) **ACO(Accountable Care Organization)**

ACO

뜻 의료소비자연맹(환자의 케어를 담당하는 의료책임기구)

예 I get more complaints about you than all the other **ACOs** combined.
다른 모든 ACO 민원들을 합친 것보다 당신에 대한 불만이 더 많다.

*ACO(Accountable Care Organization)는 수요자(환자) 중심의 의료조직으로 일종의 병원/의료 소비자 연맹 같은 역할을 함. 참고로 한국에서는 병원의 이중진료, 5분 진료 등 공급자 중심이지만, 미국에서는 병원의 불필요한 과잉 청구, 의료과실 등을 환자입장에서 조정하는데, 이 경우 ACOs가 힘을 씀.
BBB(Better Business Bureau) 일반 소비자 보호
ACO(Accountable Care Organization) 병원 소비자 보호

4. Grammar

1) 관계대명사 who

예문 ① There's **an officer** outside **who** says you have to bring that dog out.
➜ There's an **officer** outside. **He** says you have to bring that dog out.
밖에 있는 관리팀 직원이 저 개를 데리고 나와야 한다고 해.

② This is **the woman who** speaks French well.
➜ This is the **woman**. **She** speaks French well.
이 분이 프랑스어를 잘 하는 여자이다.

③ I will employ **a man who** can speak English well. **[제한적 용법]**
저는 영어를 잘 할 수 있는 사람을 고용할 거예요.

④ I will employ **the man, who** (= **for he**) can speak English well. **[계속적 용법]**
→ **[and, but, for, though + 대명사]**로 바꿀 수 있다.
저는 그 남자를 고용할 거예요. 왜냐하면 그는 영어를 잘할 수 있기 때문이에요.

2) **have got to**

- must, have to, should와 같이 '~해야 한다'의 의미
- have got은 have의 의미로 구어체에서 많이 사용됨

예문 ① But to do so, you've **got to** go through the 1st Battalion, 3rd Marine Division, United States Marine Corps.
하지만 그러기 위해서는 미국 해병대 제3사단 제1대대를 거쳐야 한다.

② I have to run now. = I **have got to** run now.
나는 지금 도망쳐야 한다.
*have got to는 have to의 구어적 표현으로 줄여서 gotta로 표현하기도 한다.

③ I have money. = I **have got** money. 나는 돈이 있다.

3) **관계대명사 what**

예문 ① **what 주어 + 동사 = 현재의 주어의 상태·인격**
That's **what** it means. 그런 뜻이야.
My mother has made me **what** I am today. 엄마가 오늘의 나를 만들어 주셨다.

② what = that [the thing] which
What happened after that was interesting. 그 후 있었던 일은 흥미로웠다.

③ what you [we, they] call = what is called **(소위, 이른바)**
He is **what** you call a jack-of-all-trades. 그는 소위 만능주의자다.
*a jack-of-all-trades: 무엇이나 다하는 사람, 만능박사.

④ **A is to B what C is to D. = A의 B에 대한 관계는 C의 D에 대한 관계와 같다.**
Sunshine is to flowers **what** love is to women.
햇살이 꽃에 의미하는 것은 사랑이 여성에게 의미하는 것과 같다.

5. Expressions

1) **on the way : 진행되어; 도중에; …하는 중에 (= under way; on one's way)**

① Tell him we're **on the way**? 지금 간다고 전해줘?

② She is well **on the way** to recovery. 그녀는 거의 다 회복되었다.

③ It was **on the way** to the station. 그것은 역 쪽으로 가는 길에 있었다.

2) **bring out : 갖고[데리고] 나가다**

① There's an officer outside who says you have to **bring** that dog **out**.
밖에 관리팀 직원이 왔는데 저 개를 데리고 나오래.

② I'll **bring out** some memory. 옛날 얘기를 해볼까?

3) **big deal : 큰 거래; 대단한 것; 큰 일**

① No **big deal**. 별일 아니다[대수롭지 않다].

② What's the **big deal**? 뭐가 그렇게 큰 문제야?

4) **worry about : ∼에 대해 걱정하다**

① Nothing to **worry about**. 걱정할 것 없어.

② Don't **worry about** me. I'll be all right. 난 걱정하지 마. 괜찮을 거야.

5) **fill in : …을 채우다; …을 대신하다; (최신) 정보를 주다; 자세히 알리다 (= supply; substitute)**

① Anybody want to **fill** me **in**? 누가 자세히 얘기해주겠소?

② Someone want to **fill** me **in** here? 누구 자세히 좀 말해줄 사람?

③ Someone want to **fill** me **in**? 누가 내 역할 대신 해줄 사람?

④ Look, you want to **fill** me **in** on this? 이봐, 이것에 대해 설명해 줄래?

6) **turn into: …로 바뀌다; …으로 변하다**

① They're trying to **turn** it **into** some kind of a situation.
그들은 그것을 어떤 상황으로 바꾸려고 하고 있다.

*turn something in ~을 돌려주다[반납하다]; ~을 제출하다

② You must **turn in** your pass when you leave the building.
통행증은 건물을 떠날 때 반납해야 합니다.

7) **be responsible for ~ : ~에 책임이 있다**

① Which one of you **is responsible for** this crime spree?
너희들 중 누가 이 범죄를 저지른 거야?

② Who do you consider (to **be**) **responsible for** the accident?
당신은 그 사고가 누구 때문이었다고 생각하세요?

8) **take in 거둬들이다**

① We have to **take** your dog **in** to the shelter. 우리는 개를 보호소로 데려가야 합니다.

② "Any challenges you want to **take in** your life?"
"살면서 꼭 도전해보고 싶은 거 있어요?"

9) **go through : (일련의 행동·방법·절차를) 거치다**

① You've got to **go through** the 1st Battalion, 3rd Marine Division, United States Marine Corps. 좋아요. 하지만 그러기 위해서는 미 해병 제1사단, 제3해병사단을 거쳐야 합니다.

② to **go through** customs and passport control. 세관 및 여권 심사대를 통과하다.

10) **be over : 끝나다**

① Show's **over**. 쇼는 끝났습니다.

② I'll go to your firm. When will it **be over**? 내가 회사 근처로 갈게. 미팅 몇 시에 끝나?

11) **pack up (짐을) 싸다; 챙기다; (특히 직장을) 그만두다; 작동을 멈추다**

① Let's **pack** it **up**. 마무리 정리 합시다.

② We have to **pack up** to move into the new house.
우리는 새집으로 이사 가기 위해서 짐을 싸야 해요.

③ What made you **pack up** a good job like that?
당신은 무슨 이유로 그처럼 좋은 직장을 그만 두었나요?

12) **pull over : (정차하거나 다른 차가 지나가도록) 길 한쪽으로 차를 대다**

① **pull** somebody/something **over** : ~에게 길 한쪽으로 차를 대게 하다

② **Pull over** to the curb. Here comes an ambulance!
인도 쪽으로 차를 붙이세요. 구급차가 와요!

③ The traffic police made the speeding vehicle **pull over** to the roadside.
교통경찰이 과속 차량을 갓길로 유도했다.

13) **turn in : 반납하다**

① **Turn** that vehicle **in**. 저 차를 반납해요.

② You must **turn in** your pass when you leave the building.
통행증은 건물을 떠날 때 반납해야 합니다.

14) **pull out of : ~에서 철수하다; ~에서 빼다**

① I'm **pulling** you **out of** the field. 나는 당신을 현장에서 끌어내릴 거야

② I couldn't **pull out of** depression. 침체된 기분에서 헤어날 수 없었다.

③ He wanted to **pull out of** this one. 그는 이번 일에서 발을 빼고 싶어 했다.

④ How many times did I have to **pull** you **out of** the fire?
도대체 내가 몇 번이나 널 불 속에서 구해줘야 해?

6. Mission

1) 영상을 보며 빈칸을 채워보세요.

영상 보기 https://youtu.be/2T51K4xsBjg 또는

① **[00:00-00:02]** Can you call the ____, tell him we're ___ the way?
수의사에게 전화해서 지금 간다고 전해줄래?

② **[00:05-00:07]** There's an officer outside _____ says you have to bring that dog _____.
밖에 경찰이 있는데 (그 경찰이) 저 개를 데리고 나오래.

③ **[00:34-00:40]** I thought I'd see _____ half the department is out here ____ a routine Animal Control call. Anybody want to ____ me in?
일상적인 동물 관리 전화에 왜 부서의 절반이 나와 있는지 알 것 같았소.
누가 자세히 좀 말해주겠소?

④ **[00:55-00:58]** Which ____ of you is responsible for this crime ______?
당신들 중 이 범죄 행위에 대해 어느 쪽이 책임이 있습니까?

⑤ **[01:19-01:26]** All right. But ___ do so, you've got to go ________ the 1st Battalion, 3rd Marine Division, United States Marine Corps.
좋아요. 하지만 그러기 위해서 당신은 미국 해병대 제3사단 제1대대를 거쳐야 합니다.

⑥ **[02:35-02:39]** If I see this dog ______ the premises, I will pull your car ______.
만약 이 개가 이 구내를 떠나는 것을 보면, 당신의 차를 세울 거요.

2) 아래 밑줄 친 부분을 우리말로 해석해보세요.

⑦ <u>6th Fleet, United States Navy</u>

⑧ <u>Under Denver City Ordinance 8</u>

3) 문장을 영어로 표현해보세요.

⑨ 제 직업은 법을 집행하는 일입니다.

⑩ 그래서 두 분은 어디서 복무하셨소?

학습정리

1. vet	수의사; 동물병원 (vet's) (pl. vets) [(미) veterinarian의 약식 표현]
2. interfere	간섭하다; 개입하다; 참견하다
3. routine	[명사] 규칙적으로 하는 일의 통상적인 순서와 방법; 틀; (판에 박힌) 일상 [형용사] 정례적인
4. confiscation	몰수, 압수
5. obstruction	방해, 차단, 가로막음, 장애물
6. harboring	[명사] 명사 피난처; 은신처; 잠복처(refuge); 항구(port); 항만 [동사] (죄인 등을) 숨겨 주다
7. disobeying	[동사] (사람·법·명령 등에) 불복종하다; 거역하다; 반항하다 (≠obey) [명사] disobedience (≠obedience)
8. lawful	법이 허용[인정]하는; 합법적인 (≠unlawful)
9. crime spree	한바탕 마구 범행을 저지르고 돌아다님 crime: 범죄; 범행; 죄악 spree: (범행을) 한바탕 저지르기; 흥청망청 하기
10. shelter	[명사] 주거지; 피신[대피] [동사] 막아주다; 보호하다
11. battalion	대대; (특정 목적을 위해 조직된 사람들) 부대
12. marine division	(군사) 해병사단
13. the Unite States Marine Corps	미국 해병대
14. infantry	보병들; 보병대
15. airborne division	공수부대
16. fleet	함대
17. escalate	확대[증가/악화]되다[시키다]
18. enforce	(법률 등을) 집행하다
19. impound	압수[몰수]하다
20. Taser	테이저 총

21. pepper spray 후추 스프레이
22. ordinance 법령; 조례
23. federal property 연방 자산
24. jurisdiction 관할권; 사법권; 관할구역
25. Basra 이라크(Iraq) 동남부; 페르시아 만에 있는 항구
26. Kabul 아프가니스탄의 수도
27. offensive (군사적) 공격(= strike); 공세
28. premises 부지[지역]; 구내
29. ACO(Accountable Care Organization) [미] 의료소비자연맹

WEEK
14

Hold On

학습목표

1. 영상에 나오는 주요 단어와 표현을 말할 수 있다.
2. 문장의 구조와 문법을 설명하고, 주요 표현들을 맥락 속에서 확장시킬 수 있다.
3. 학습한 단어와 표현들을 자유자재로 활용할 수 있다.

복습점검

1. 관계대명사 who의 쓰임이 다른 하나를 고르세요.

① This is the man who is a very able programmer.
② They will employ a woman who can speak Spanish well.
③ He is the only man who is suitable for the post.
④ This is the woman who I know well.

2. 다음 문장 중 have got to의 쓰임이 잘못된 것을 고르세요.

① I've got to go now.
② I've usually got to be at work at nine.
③ You've got to be joking.
④ I've got to get up early tomorrow.

3. 빈칸에 공통으로 들어갈 단어를 쓰세요.

- She is intelligent, and _____ is better, very beautiful.
- My mother has made me _____ I am today.
- He is _____ you call a jack-of-all-trades.
- I'll do _____ I can do for you.

학습내용

1. Introduction

1) **A Dog's Way Home - Hold On**

2) **Situation(상황)**

영화 *A Dog's Way Home*(2019)은 브루스 카메론(Bruce Cameron)의 동명 베스트셀러 소설(2017)을 바탕으로 제작된 가족영화로 주인공 강아지 벨라가 역경을 헤쳐 나가는 스토리이다. 맹견을 키울 수 없다는 덴버시의 법규로 잠시 주인 곁을 떠나게 된 아메리칸 핏불 테리어 벨라는 자신의 주인 루카스를 다시 만나기 위해 400마일 이상의 긴 여정을 나서게 된다. 집을 찾아가는 여정 동안 깊은 산속에서의 코요테 습격, 눈사태, 노숙자 할아버지에게 묶여 지내는 등 여러 가지 우여곡절을 겪게 되지만, 여정 중에 만난 큰 고양이와의 애틋한 우정을 나누는 장면은 보는 사람의 따뜻한 감성을 자극하게 된다. 강아지 벨라가 온갖 장애물을 극복하고 정든 큰 고양이와의 이별을 감수하면서 시종일관 주인을 찾아 집으로 향하는 의지와 노력, 마침내 덴버시 고속도로를 지나다 차에 치이는 장면, 그럼에도 불구하고 혼신의 힘을 다해 일어나 다친 다리를 절룩거리며 주인 루카스를 찾아가는 장면은 우리에게 큰 교훈과 감동을 선사해 준다. 루카스, 올리비아, 테리 그리고 병원 친구들 모두 벨라를 다시 만나서 행복해하고, 마침내 핏불 견종을 허용하는 골든(Golden) 지역으로 이사해서 루카스와 행복하게 지내는 벨라의 모습으로 영화는 막을 내린다. 영화의 처음부터 끝까지 주요 장면들을 선별하여 보여주는 영상에 삽입곡으로 코드 오버스트리트(Chord Overstreet)의 Hold On(잠깐만)이 흘러나온다. 이 노래는 연인 간의 다툼으로 사랑하는 사람이 스스로 목숨을 끊어버린 비극적 상황을 묘사하고 있다. 소중한 사람의 존재를 그리워하며 생명을 되돌리려는 화자의 절실함은 벨라가 루카스를 찾아 2년 반 동안의 시간을 헤매며 온갖 우여곡절을 겪으면서도 포기하지 않고 오로지 주인을 찾겠다는 절실한 심정과 오버랩된다.

2. Film Script

A Dog's Way Home – Hold On

영상 보기 https://youtu.be/X9YXqNNnKiw 또는

음악 듣기 https://youtu.be/8ofCZObsnOo 또는

Scene 1

♬ Hold On - Chord Overstreet ♬

Loving and fighting
Accusing, denying
I can't imagine a world with you gone
The joy and the chaos, the demons we're made of
I'd be so lost if you left me alone

♬ 잠깐만 - 코드 오버스트리트 ♬

사랑하고 싸우고
비난하고, 부정하고
네가 떠난 세상은 상상도 할 수 없어
기쁨과 혼돈, 우리가 만들어낸 마음을 괴롭히는 것들
네가 날 혼자 남겨두고 떠나면 난 정말 망연자실할 거야

Scene 2

♬

You locked yourself in the bathroom
Lying on the floor when I break through
I pull you in to feel your heartbeat
Can you hear me screaming "Please don't leave me"

넌 욕실에서 문을 잠그고
내가 부수고 들어갔을 때 넌 바닥에 누워있었어
난 너의 심장박동을 느끼기 위해 너를 끌어안고
"제발 날 떠나지 마"라고 외치는 내 목소리를 들을 수 있니?

Scene 3

♬

Hold on, I still want you
Come back, I still need you
Let me take your hand, I'll make it right
I swear to love you all my life
Hold on, I still need you

잠깐만 난 여전히 너를 원해
돌아와, 난 여전히 네가 필요해
내가 너의 손을 잡도록 해줘, 내가 바로 잡을 게
평생 널 사랑할거라고 맹세해
잠깐만 난 여전히 네가 필요해

Scene 4

♬

A long endless highway, You're silent beside me
Drivin' a nightmare I can't escape from
Helplessly praying, the light isn't fadin'
Hiding the shock and the chill in my bones

길고 끝이 없는 고속도로, 넌 내 옆에서 침묵하고 있어
벗어날 수 없는 악몽을 몰아내면서
무력하게 기도하면서, 빛이 사라지지 않기를
내가 받은 충격과 오한을 숨기고

Scene 5

♬

They took you away on a table
I pace back and forth as you lay still
They pull you in to feel your heartbeat
Can you hear me screaming "Please don't leave me"

그들은 너를 테이블 위로 데려 갔어
네가 움직이지 않고 누워있을 때 난 (안절부절 하면서) 이리저리 왔다 갔다 했어
그들은 심장 박동을 느끼기 위해 너를 끌어당기고
"제발 날 떠나지 마"라고 외치는 내 목소리를 들을 수 있니?

Scene 6

♬

Hold on, I still want you
Come back, I still need you
Let me take your hand, I'll make it right
I swear to love you all my life
Hold on, I still need you

잠깐만 난 여전히 너를 원해
돌아와, 난 여전히 네가 필요해
내가 너의 손을 잡도록 해줘, 내가 바로 잡을 게
평생 널 사랑할거라고 맹세해
잠깐만 난 여전히 네가 필요해

Scene 7

♬

I don't wanna let go
I know I'm not that strong
I just wanna hear you
Saying baby, let's go home
Let's go home
Yeah, I just wanna take you home

Hold on, I still want you
Come back, I still need you

놓아주고 싶지 않아
난 내가 그렇게 강하지 않다는 것을 알아
난 단지 너의 목소리를 듣고 싶어
말해봐 자기야, 집에 가자
집에 가자
그래, 난 그냥 너를 집에 데려가고 싶어

잠깐만 난 여전히 너를 원해
돌아와, 난 여전히 네가 필요해

Chord Overstreet(1989~)

Chord Paul Overstreet (born February 17, 1989) is an American actor and singer. He is known for his role as Sam Evans on the Fox television series Glee (2009-2015).

On August 26, 2016, he released his debut single, "Homeland", through Island Records and Safehouse Records.

코드 폴 오버스트리트(1989년 2월 17일 출생)는 미국의 배우 겸 가수다. 그는 폭스 텔레비전 시리즈 글리(2009-2015)의 샘 에반스 역으로 알려져 있다.

2016년 8월 26일, 아일랜드 레코드와 세이프하우스 레코드를 통해 데뷔 싱글 "Homeland (고향)"를 발매하였다.

3. More Related Words

1) accusing

accusing

뜻 [형용사] 비난하는 듯한

예 Her **accusing** eyes were fixed on him.
그녀의 비난하는 듯한 두 눈이 그에게서 떨어질 줄을 몰랐다.
The article points an **accusing** finger at the authorities.
그 기사는 당국자들에게 비난의 손가락을 겨누고 있다.

accuse

뜻 [동사] 고발[기소/비난]하다; 혐의를 제기하다

예 As I get older, I've learned to listen to people rather than **accuse** them of things. (Po Bronson)
나이 들면서 남을 비난하기보다는 남의 말을 경청하게 되었다. [포 브론슨, 언어명언]

accusation

뜻 [명사] 혐의 (제기); 비난; 고발; 기소

예 She was deeply pained by the **accusation**.
그녀는 그 비난을 받고 몹시 고통스러웠다.
False **accusation** is a serious felony. 무고는 정말 큰 죄입니다.

felony

뜻 [명사] 중죄; 흉악 범죄 (→ 경범죄 misdemeanour)

예 a charge of **felony** 중죄 혐의
All of them were executed for **felony**.
그들은 모두 중죄로 처형됐다.

2) denying

deny

뜻 [동사] 인정하지[받아들이지] 않다; 부인하다; 거부하다

예 My instinctive reaction was to **deny** everything.
내가 본능적으로 보인 반응은 모든 것을 부인하는 것이었다.
The White House was swift to **deny** the rumours.
백악관은 재빨리 그 소문을 부인했다.

denying

뜻 [형용사] 부정적인

예 self-**denying** 자기 부정적인
They issued a joint statement **denying** the charges.
그들은 그 혐의를 부인하는 합동 성명을 발표했다.

denial

뜻 [명사] 부인[부정]; 거부

예 The patient is still in **denial**.
그 환자는 아직도 사실을 부정하고[자기 상태를 받아들이지 못하고] 있다.

3) chaos

chaos

뜻 혼돈; 혼란

예 The house was in **chaos** after the party.
파티가 끝난 후 집안은 엉망이었다.
Heavy snow has caused total **chaos** on the roads.
폭설로 도로가 완전 혼란에 빠졌다.
The country was descending into **chaos**.
그 나라는 서서히 혼란 속으로 빠져들고 있었다.

disorder

뜻 무질서; 어수선함 (≠order); (신체 기능의) 장애[이상]

예 The room was in a state of **disorder**.
그 방은 엉망인 상태였다.
There is a danger that the political **disorder** of the past will return.

disorder	**예** 과거와 같은 정치적 혼란이 재발될 위험이 있다. He was suffering from some form of psychiatric **disorder**. 그는 일종의 정신 장애를 앓고 있었다.
confusion	**뜻** 혼동; 혼란; 뒤죽박죽; 애매모호 **예** We were thrown into **confusion** by the news. 우리는 그 소식을 듣고 혼란에 빠졌다. The announcement only succeeded in creating **confusion**. 그 발표는 혼란만 불러일으켰을 뿐이다.
anarchy	**뜻** 무정부 상태 **예** After the revolution, **anarchy** ruled. 그 혁명 후에는 무정부 상태가 지배했다[지배적이었다].

4) demon

demon	**뜻** 악령; 악마; 마음을 괴롭히는 것 **예** the **demons** of jealousy 마음을 괴롭히는 질투심 He claimed to have the power to cast out **demons**. 그는 악마를 몰아내는 힘을 지니고 있다고 주장했다. Calvin tried to teach how someone could be possessed by **demons**. 칼빈은 어떻게 누군가가 악마에 홀릴 수 있는지 가르치려고 노력했다.

5) endless

endless	**뜻** 무한한; 한없는; 끝없는 **예** The journey seemed **endless**. 그 여정은 끝이 없을 것 같았다. I've had enough of their **endless** arguing. 난 그들의 끝없는 싸움을 더 못 참겠어.

limitless

뜻 한이 없는; 방대한 (= infinite)

예 The possibilities were almost **limitless**.
그 가능성은 거의 한이 없었다.
His ambition is **limitless**. 그의 야망은 끝이 없다.

infinite

뜻 (수량이) 무한한[무한정의] (≠finite)

예 No country has **infinite** resources.
어떤 나라도 무한한 자원을 가지고 있지는 않다.
Do you know "**Infinite** Challenge"? "무한도전" 알아요?

boundless

뜻 한[끝]이 없는 (= infinite)

예 My gratitude is **boundless**. Thanks so much.
무한히 감사드려요. 정말 고마워요.
He has **boundless** energy and enthusiasm.
그에게는 무한한 정력과 열의가 있다.

6) swear

swear

뜻 맹세하다; 욕을 하다

예 I **swear** (that) I'll never leave you.
난 결코 당신을 떠나지 않을 것을 맹세해요.
I **swear** to God I had nothing to do with it.
하느님께 맹세코 난 그것과 아무 상관이 없어요.
Why did you let him **swear** at you like that?
넌 왜 그가 네게 그렇게 욕을 하도록 내버려 두었니?

vow

뜻 [명사] 맹세; 서약
[동사] 맹세[서약]하다

예 I have made a **vow** not to gamble again.
나는 다시는 도박하지 않기로 맹세했다.
A servant **vowed** himself to the man.
노비는 그 남자에게 헌신하기로 맹세했다.

7) **praying**

pray

뜻 기도하다; 빌다; 기원하다

예 They knelt down and **prayed**.
그들은 무릎을 꿇고 기도를 올렸다.
We're **praying** for good weather on Saturday.
토요일에는 날씨가 좋기를 우리는 간절히 바라고 있다.

8) **fading**

fading

뜻 1. (색깔이) 바래다; 바래게 만들다
2. 서서히 사라지다; 점점 희미해지다

예 All colour had **faded** from the sky.
하늘의 모든 색깔이 희미해져 있었다.
Her smile **faded**. 그녀의 미소가 희미해져 갔다.

9) **chill**

chill

뜻 [명사] 냉기; 한기; 오한
[동사] 아주 춥게 만들다

예 His words sent a **chill** down her spine.
그의 말에 그녀는 등골이 오싹했다.
Sit down and **chill** out!
열 좀 그만 내고 앉아 봐!
Let the pudding **chill** for an hour until set.
푸딩이 굳어질 때까지 한 시간 동안 차게 식히시오.

4. Grammar

1) would

- 법조동사 : (축약형 'd : …일[할] 것이다(상상하는 일의 결과에 대해 말할 때 씀)

예문 ① I'**d** be so lost if you left me alone.
네가 날 혼자 남겨두고 떠나면 난 정말 망연자실할 거야.

② She'**d** look better with shorter hair.
그녀는 머리를 더 짧게 하면 더 보기 좋을 것이다.

③ If you went to see him, he **would** be delighted.
네가 그를 만나러 가면 그가 아주 기뻐할 것이다.

④ She'**d** be a fool to accept it.
그것을 받아들인다면 그녀는 바보일 것이다.

2) hear + O + ~ing

- 지각동사 : look, watch, observe 등
- S + V + O + OC(원형부정사 또는 현재분사)

예문 ① Can you **hear me screaming** "Please don't leave me"?
"제발 날 떠나지 마"라고 외치는 내 목소리를 들을 수 있니?

② We watched the boys **play** football on the ground.
우리는 소년들이 운동장에서 축구를 하는 것을 지켜보았다.

③ I saw her **get** on the train.
➜ She was **seen to get** on the train.
그녀가 기차에 타는 것을 보았다.

*수동태가 되면 원형부정사 → to 부정사로 바뀜.

3) **let**

- 사역동사 : let, make, have, help
- let + 목적어 + 동사원형

예문 ① **Let me take** your hand, I'll make it right
내가 너의 손을 잡도록 해줘, 내가 바로 잡을 게
② She **made us understand** her plan through the sign language.
그녀는 수화를 통해 우리에게 그녀의 계획을 이해시키려 했다.
➜ We were **made to understand** her plan through the sign language.
['원형부정사' 구문은 수동태가 되면 'to 부정사'로 바뀜.]

5. Expressions

1) **with you gone (= having you gone) : 당신이 떠난**

① I can't imagine a world **with you gone**. 당신이 떠난 세상을 상상할 수 없습니다.
② **With you gone**, she'll come back. 네가 떠나면 그녀는 돌아올 거야.
③ They were divided into two groups, **with** no girls in one group and no boys in the other.
그들은 두 그룹으로 나누었는데, 한 그룹에는 소녀가 없고 다른 그룹에는 소년이 없다.
④ We're an international company **with** offices in Paris, New York, and Sydney.
우리는 파리, 뉴욕, 시드니에 지사가 있는 국제 기업입니다.
⑤ Two coffees please, one **with** milk and one without.
커피 두 잔 주세요, 하나는 우유를 넣고 하나는 넣지 않고.

2) **be made of : ~로 만들어지다**

① The joy and the chaos, the demons we'**re made of**
기쁨과 혼란, 우리가 만들어낸 마음을 괴롭히는 것들
② The pipes should **be made of** plastic. 배관은 플라스틱으로 만들어져야 한다.
③ As well, at least 40% of the exterior is to **be made of** glass.

또한 외부의 최소 40%는 유리로 만들어질 것입니다.

3) **break through : (무력으로 ~을) 뚫고 나아가다[돌파하다]; 돌파구를 찾다**

① Lying on the floor when I **break through**
내가 문을 부수고 들어갔을 때 바닥에 누워있는

② Scientists think they are beginning to **break through** in the fight against cancer.
과학자들은 자신들이 암과의 싸움에서 돌파구를 찾기 시작했다고 생각한다.

4) **pull in : 끌어당기다**

① I **pull** you **in** to feel your heartbeat. 네 심장 박동을 느끼기 위해 널 끌어안았어.

② Push out your chest and **pull in** your chin. 가슴을 내밀고 턱을 잡아당긴다.

5) **Hold on** : 1. (명령문 형태로 쓰여) 기다려[멈춰] (= wait)
2. (곤경·위험을) 견뎌[참아] 내다

① **Hold on**, I still want you. 잠깐만, 난 여전히 널 원해.

② **Hold on**! **Hold on**! 잠깐만요! 잠깐만 기다려주세요!

6) **all my life : 평생**

① I swear to love you **all my life**. 평생 당신을 사랑할 것을 맹세합니다.

② I'll take care of you **all my life**. 평생 당신을 돌볼 거예요.

③ Her words have lived with me **all my life.** 그녀의 말은 평생 동안 나와 함께 했습니다.

7) **escape from : 피하다; 탈피하다**

① Drivin' a nightmare I can't **escape from**. 벗어날 수 없는 악몽을 몰아내면서

② He managed to **escape from** their clutches. 그는 간신히 그들의 손아귀에서 벗어났다.

8) **take away : 데려가다; 제거하다; 치우다; 줄이다**

① They **took** you **away** on a table. 널 테이블로 데려갔어.

② I was given some pills to **take away** the pain.
나는 통증을 없애기 위해 약을 받았다.

③ 80 **take away** 5 is 75. 80에서 5를 빼면 75이다.
④ Two burgers to **take away**, please. 햄버거 두 개 포장해 주세요.

9) **back and forth : 왔다 갔다; 좌우로; 이리저리**
① I pace **back and forth** as you lay still.
네가 움직이지 않고 누워있을 때 난 초조하게 이리저리 왔다 갔다 했어.
② Bored and impatient, I **pace back and forth** as I gaze at the filthy ground.
지루하고 초조하여, 나는 더러운 땅을 응시한채 왔다 갔다 했어.
③ And I'd pace **back and forth** around the room. 그리고 나는 방 주위를 왔다 갔다 했다.

6. Mission

1) 영상을 보며 빈칸을 채워보세요.

영상 보기 https://youtu.be/X9YXqNNnKiw 또는

① **[0:26-0:33]** Loving and fighting, ____________, denying, I can't imagine a world ______ you gone.
사랑하고 싸우고, 비난하고, 부정하고, 네가 떠난 세상을 상상할 수 없어.

② **[0:34-0:41]** The joy and the chaos, the demons we're made ______, I'd be so lost if you ______ me alone.
기쁨과 혼돈, 우리가 만든 악마, 네가 날 혼자 남겨두고 떠나면 난 길을 잃을 거야.

③ **[0:42-0:49]** You locked yourself ______ the bathroom, lying ______ the floor when I break through.
넌 욕실에서 문을 잠그고, 내가 부수고 들어갔을 때 넌 바닥에 누워있었지.

④ **[0:50-0:57]** I pull you in ____ feel your heartbeat. Can you hear me __________ "Please don't leave me?"

난 너의 심장박동을 느끼기 위해 너를 끌어안았어. “제발 날 떠나지 마”라고 소리치는 내 목소리를 넌 들을 수 있니?

⑤ **[0:58-1:09]** Hold _____, I still want you. Come back, I still ______ you.
잠깐만, 난 여전히 너를 원해. 돌아와, 난 여전히 네가 필요해.

⑥ **[1:13-1:20]** Let me ______ your hand. I'll make it right, I ______ to love you all my life.
내가 너의 손을 잡도록 해줘. 내가 바로 잡을게, 평생 널 사랑할 거라고 맹세해.

2) 밑줄 친 부분을 우리말로 해석해보세요.

⑦ Helplessly praying, the light isn't fadin'

⑧ I pace back and forth as you lay still

3) 다음 문장을 영어로 표현해보세요.

⑨ 놓아주고 싶지 않아.

⑩ 난 내가 그렇게 강하지 않다는 것을 알아.

학습정리

1. accuse	비난[기소/고발]하다 → accusing / n. accusation
2. felony	중죄; 흉악 범죄
3. misdemeanour	경범죄; (아주 심각하지는 않은) 비행
4. deny	인정하지[받아들이지] 않다

	부인하다; 거부하다 → denying / n. denial
5. chaos	혼돈; 혼란
6. disorder	무질서; 어수선함 (≠order); (신체 기능의) 장애[이상]
7. confusion	혼동; 혼란; 뒤죽박죽; 애매모호
8. anarchy	무정부 상태
9. demons	악령; 악마; 마음을 괴롭히는 것
10. endless	무한한; 한없는; 끝없는
11. limitless	한이 없는; 방대한 (= infinite)
12. boundless	한[끝]이 없는 (= infinite)
13. swear	맹세하다; 욕을 하다
14. vow	[명사] 맹세; 서약 [동사] 맹세[서약]하다
15. pray	기도하다; 빌다; 기원하다
16. fade	서서히 사라지다; 점점 희미해지다; (색깔이) 바래다
→ fading	서서히 사라지는; 점점 희미해지는; (색깔이) 바랜
17. chill	[명사] 냉기, 한가, 오한 [동사] 아주 춥게 만들다
18. with you gone	having you gone 당신이 떠난
19. be made of	~로 만들다
20. break through	(무력으로 ~을) 뚫고 나아가다[돌파하다]; 돌파구를 찾다
21. pull in	끌어당기다
22. hold on	1. (명령문 형태로 쓰여) 기다려[멈춰] (= wait); 잠깐만 2. (곤경·위험을) 견뎌[참아] 내다
23. all my life	평생
24. escape from	피하다; 탈피하다
25. take away	데려가다; 제거하다; 치우다; 줄이다
26. back and forth	왔다 갔다; 좌우로; 이리저리

WEEK
15

Review for Final Exam

[9주차~14주차]

1. 다음 문장 중 have got to의 쓰임이 잘못된 것을 고르세요.

① You've got to get up early tomorrow.
② I've got to leave now.
③ He's usually got to go to bed at ten.
④ They've got to pass the exam.

2. 다음 중 표현이 어색한 문장을 고르세요.

① Even if I fall down when you're not around, don't worry about me.
② You're the best teacher, even if you have the least experience.
③ I'll get there, even if I have to walk.
④ Even if you did see someone, you can't be sure it was him.

3. 다음 문장 중 문법상 that의 쓰임이 다른 것을 고르세요.

① He made sure that I was never hungry.
② I know the fact that he is smart.
③ I hope that he will get well soon.
④ I know the boy that is smart.

4. 다음 중 스토리 내용과 일치하지 않는 것을 고르세요.

① Axel took Bella off the leash before he died.
② Bella bravely fought against the coyotes before Big Kitten returned.
③ Bella entered the highway in Denver and ended up bumping into a car.
④ The VA Hospital is federal property.

[5~8] 아래 문장 중 문법적으로 옳지 않은 것을 고르세요.

5. ① Let me taken your bag.
② I used to be the best in my class.
③ My sister left Korea never to return.
④ He made me comfortable.

6. ① We watched the boys playing football on the ground.
② I saw her getting on the train.
③ She was seen getting on the train.
④ Can you hear me scream "I love you"?

7. ① This is the way how he did it.
② This is the way that he did it.
③ This is the way he did it.
④ This is the way in which he did it.

8. ① I used to live in Seoul when I was young.
② I used to play the piano when I was in middle school.
③ I heard it used to be a graveyard.
④ They used to drank tea by the bucket.

[9~10] 아래 문장은 누가 한 말인가요?

9. "I don't understand what just happened, but I'm pretty sure it was good."

① Lucas
② Bella
③ Olivia
④ Captail Mica

10. "It's just me and you. You're the only friend I've got."

① Lucas
② Bella
③ Axel
④ Big Kitten

[11~14] 아래 진술문이 사실이면 ○, 거짓이면 ×를 클릭하세요.

11. Ida Carolina Redig, also known as GIRL, is a British singer, actress, music producer and songwriter.

| ① ○ ② ×

12. The OST 'Don't worry about me' was sung by Jillian Edwards.

| ① ○ ② ×

13. Chord Paul Overstreet is an American actor and singer.

| ① ○ ② ×

14. 벨라는 루카스, 올리비아, 테리 그리고 병원 친구들의 노력으로 마침내 핏불 견종이 아님을 판명 받고 루카스와 행복하게 지내는 모습으로 영화는 막을 내린다.

| ① ○ ② ×

[15~20] 문맥상 다음 빈칸을 주어진 글자로 시작하는 단어로 채우세요.

15. Have you seen a s______ child around here?

| 이 주변에서 **길 잃은** 아이를 봤습니까?

16. The journey seemed e______.

| 그 여정은 **끝이 없을 것** 같았다.

17. You always b______ my heart.

| 당신은 항상 내 마음을 **아프게 합니다**.

18. We made a s______ in the study of AI(Artificial Intelligence).

| 우리는 인공지능의 연구를 **시작했다**.

19. S______ in our lives, we do make mistakes.

| **때때로** 살아가는 동안, 우리는 실수를 한다.

20. This is the house w______ I was born.

| 이곳은 제가 태어난 집입니다.

[21~32] 문맥상 다음 빈칸에 들어갈 전치사 혹은 적절한 단어를 쓰세요.

21. What happened ______ you?

| 무슨 일이 있었던 거야?

22. It's ______ like five and a half years.

| 5년 반이나 된 것 같다.

23. If I ______ you, I would leave right away.

| 내가 너라면 바로 떠날 텐데.

24. Pull ______ to the curb.

| 인도 쪽으로 차를 세우세요.

25. My mother has made me ______ I am today.

| 엄마가 오늘의 나를 만들어 주셨어요.

26. Which one of you is responsible ______ this crime spree?

| 당신들 중 누가 이 범죄를 저지른 겁니까?

27. Can you ______ me calling out your name?

| 제가 당신의 이름을 부르는 소리가 들리나요?

28. It doesn't ______ to ask.

| 물어봐서 손해 볼 건 없어.

29. Now you're just somebody ______ I used to know.

| 이제 넌 그냥 내가 한때 알았던 사람일 뿐이야.

30. I knew they ______ come.

| 그들이 올 거라는 것을 알고 있었죠.

31. We've been ______ it all.

| 우리는 그 모든 것을 겪어 왔어요.

32. It is the time ______ you should finish the work.

| 작업을 완료해야 할 때입니다.

[33~35] 밑줄 친 부분이 구체적으로 의미하는 바를 적으세요.

33. My job is <u>to enforce the law</u>.

34. <u>Turn that vehicle in</u>.

35. <u>It's no big deal</u>.

영화로 배우는 영어

A Dog's Way Home

정답 및 해설

WEEK 01 Introduction

Mission

1) ① **There's** one thing I know about the world.

② Bella, do you want a tiny **piece** of cheese?

cf. Do you want a small piece of cheese?

③ My name is Bella and this is **how** I met Lucas.

④ That one was his **favorite**.

cf. (미) favorite / (영) favourite

⑤ Life with Lucas was the best, **but** when he wasn't around I missed **him** so much.

⑥ I was very **far** from home, but I knew Lucas was waiting for me and I had **to** go and find him.

⑦ The only thing that gets us **through** it are the special people in our **lives** and I was never going to stop **searching** until I found mine.

2) ⑧ I miss you so much.

⑨ In life, we all face things that are hard.

In life, we all face challenges.

In life, we all face hard work.

⑩ That dog saved his life.

WEEK 02 Goodbye, Bella

복습점검

1. **정답** ○

해설 W. Bruce Cameron의 A Dog's Way Home (2017)은 실제 이야기를 바탕으로 쓴 소설이다.

2. **정답** ×

해설 영화 A Dog's Way Home은 루카스라는 청년과 벨라라는 주인공 개와의 우정을 그린 영화이다. 주인을 찾아 400마일의 대장정을 감행하는 벨라가 장장 2년의 긴 여정 동안 겪게 되는 여러 우여곡절을 이겨내고 드디어 주인과 만나게 되는 휴먼 드라마이다.

3. **정답** ○

해설 플롯은 인과관계에 따른 사건배열을 의미한다는 점에서 일련의 시간 순서로 연결된 스토리와는 차이가 있다. 스토리는 연속성을 중심으로, 플롯은 인과관계를 중심으로 쓰여 진다.

Mission

1) ① I've **been** looking all over for you.

② I don't care **about** the window, but you can not run **away**.

③ That's right. Easy **does** it.

④ Don't do that. Sir. Come on. Sir, let **go** now.

⑤ Not with that **on** her. Let go. Chuck, let him do it.

⑥ Bella, I **screwed** up. I'm so sorry.

2) ⑦ **갑자기**, 다른 많은 개들의 냄새가 났어요.

⑧ 자, 이제 충분해요. **물러서 주세요.** / **비켜주세요.**

3) ⑨ I have to have that squirrel.

⑩ I will not let them hurt you.

WEEK 03 Big Kitten

복습점검

1. **정답** Sir, **let** go now. You need to **let** him have the dog. **Let** go. Chuck, **let** him do it.

해설 사역동사 let은 '~하게 하다(남에게 어떤 행동이나 동작을 하게 하는 의미를 지닌 동사)'라는 뜻을 가진다.

2. **정답** The story just made me **bored**.

해설 사역동사 + 목적어 + 동사원형 / 과거분사의 형태이다.

3. **정답** I've **been** looking all over for you.

해설 현재완료 진행형(have + pp + ~ing)은 과거부터 현재까지의 행위와 상태를 말하며, 지금 진행 중인 상황을 나타낼 때 쓰인다.

Mission

1) ① Big Kitten's mother couldn't **feed** her anymore, so, I did.

② Big Kitten needed to eat, and so **did** I.

③ So, I did what any mother **would** do.

④ Many nights, Big Kitten would wander off **on** her own.

⑤ You're ready **for** your tiny piece of cheese?

⑥ You're **such** a good dog, Bella.

2) ⑦ **시간이 지남에 따라**, 큰 고양이는 더 커졌습니다.

⑧ 큰 고양이가 밤에 나갈 **때마다**, 누군가 그녀에게 음식을 주었어요.

3) ⑨ I wish someone would give her chicken.

⑩ We kept each other warm.

WEEK 04 Hunted by Coyotes

복습점검

1. **정답** did

   해설 so를 사용하여 동의를 표시할 때 주어와 동사의 어순을 바꾼다.

2. **정답** such

   해설 such +명사구 / so + 형용사 : You're such a good dog, Bella. → You're so good, Bella.

3. **정답** warm

   해설 5형식 동사 : keep + O + OC(형용사 또는 현재분사) : O(목적어)를 ~하게 하다.

Mission

1) ① I had **been** smelling something all morning. Something **like** dog.
   ② No, no, it's a **cougar**. It's a young **cougar**.
   ③ But I decided to see **if** they would give us food.
   ④ I mean this thing was huge. It was a 10 **feet** long.
   ⑤ Let's see if your name is **on** your tag, huh?
   ⑥ I'm **gonna** call the guy.

2) ⑦ **꽤** 무서웠어요.
   ⑧ 그녀는 **좀 흥분했어.**

3) ⑨ Big Kitten was afraid of the men.
   ⑩ Please leave a message or call Olivia at 612–589–1743.

WEEK 05 Fun in the Snow

복습점검

1. **정답** ② → I like anything spicy.

   해설 something, anything, someone, anybody는 형용사가 뒤에서 수식한다.

2. **정답** ① → I've decided to grow my hair.

   해설 have decided to V(동사원형)

3. **정답** ④ → Give him a clap! or Give a clap to him!

   해설 give + IO + DO → give + DO + to + IO

Mission

1) ① It's Snow. Do **Your** Business!
   ② hear the **thunder**, it's rolling, it's rolling, it **calls** from far away
   ③ hear your heart, it's **beating**, it's **beating**, the easy **rhythm** it plays

④ pressing **on** to the journey ahead, we do it **all** over again
and if you're **holding** back, jump right in
⑤ you can't **fly** without falling, you can't run without **crawling**,
you can't sing without **making** a sound
⑥ so **breathe** in and let it **out**, jump right in, **whoa**, jump right in

2) ⑦ 앞길을 재촉하여 나아가.(강행해.)
⑧ 서둘러 **네 일을 해라**.

3) ⑨ Do breathe in and out. / Breathe in and let it out.
⑩ She acted like that was easy.

WEEK 06 The Avalanche

복습점검

1. **정답** ③
해설 ③ → 주격 관계대명사 which
①, ②, ④ → 목적격 관계대명사 which

2. **정답** ②
해설 ② → 대명사 It
①, ③, ④ → 날씨를 나타낼 때 쓰이는 무생물 주어

3. **정답** ①
해설 ① → 일반동사 like
②, ③, ④ → 전치사 like

Mission

1) ① It's been so long **since** I played with a dog.
② What are you barking **at**?
③ I could smell the fear **of** the other dog.
④ Is he **breathing**?
⑤ Is he **gonna** make it?
⑥ We can call Animal Control for you, but we **can't** wait for them.

2) ⑦ (벨라는 다른 개를 발견하게 되고) **의도치 않게** (재난을 일으키게 됩니다.)
***inadvertently**: 무심코, 우연히, 본의 아니게, 의도하지 않게, 실수로
⑧ (네가) **그의 목숨을 구했어**.

3) ⑨ I guess that's up to you.
⑩ Please don't take her away from me.

WEEK 07 OST : Together From Afar

복습점검

1. **정답** since

   해설 since 앞에 현재완료형 have + pp형이 쓰임.

2. **정답** must ⇒ He must be dead.

   해설 must : '추측'을 나타내는 조동사

3. **정답** hers

   해설 hers : her의 소유격 대명사

Mission

1) ① We've been **through** it all.

   ② Is it time **to** say goodbye?

   ③ We have **been** together so long.

   ④ Is it time to **let** go?

   ⑤ **Apart** we grow.

   ⑥ I need **to** try things and be **on** my own.

2) ⑦ (우리는 항상 친구지만) **거리를 둘 거예요**.

   ⑧ (너와 나), **우리는 모든 작별 인사를 할 거야**.

3) ⑨ You are the reason (for me) to go on living.

   You are the reason (for me) to go on living.

   * You are the reason we can go on.

   우리가 계속 이렇게 활동할 수 있는 건 여러분 덕분입니다.

   ⑩ We'll be together from afar, forever.

   We'll be together forever from afar.

WEEK 08 Review for Mid-term Exam

1. **정답** ④

2. **정답** ②

   해설 ② → 일반동사 like

   ①, ③, ④ → 전치사 like

3. **정답** ④

   해설 ④ → 주격 관계대명사 who

   ①, ②, ③ → 목적격 관계대명사 who

4. **정답** ④

해설 My boyfriend is such a nice guy.

5. **정답** ③

해설 The lady that(who) I met yesterday is my aunt.

6. **정답** ①

해설 I gave a present to my mother!

7. **정답** ②

해설 since 앞에 현재완료형

It's been so long since I played with a dog.

8. **정답** ③

해설 During journey, Bella befriends a **cougar** cub, whom she names "Big Kitten."

9. **정답** ①

해설 Lucas Ray and his girlfriend Olivia, two residents of Denver, Colorado, find a **puppy** in a construction site along with many **kittens** and a mother cat.

10. **정답** ①

해설 〈A Dog's Way Home〉 is a 2019 **American** family adventure film directed by Charles Martin Smith.

11. **정답** ② ×

해설 스토리는 연속성을 중심으로, 플롯은 인과관계를 중심으로 짜인다.

12. **정답** ① ○

13. **정답** ① ○

14. **정답** ② ×

해설 영화 A Dog's Way Home은 루카스라는 청년과 벨라라는 주인공 개와의 우정을 그린 영화이다. 주인을 찾아 400마일의 대장정을 감행하는 벨라가 장장 2년의 긴 여정 동안 겪게 되는 여러 우여곡절을 이겨내고 드디어 주인과 만나게 되는 휴먼 드라마이다.

15. **정답** step

16. **정답** prose

17. **정답** gonna

18. **정답** hers

19. **정답** business

20. **정답** feet

21. **정답** to

22. **정답** breathing

23. **정답** of

24. **정답** hunting

25. 정답 did
26. 정답 does
27. 정답 over
28. 정답 do
29. 정답 let
30. 정답 years
31. 정답 favorite 또는 favourite
32. 정답 such
33. 정답 그녀는 좀 **흥분했어**.
34. 정답 벨라는 다른 개를 발견하게 되고 **의도치 않게** 재난을 일으키게 됩니다.
35. 정답 우린 **멀리서** 영원히 함께 할 거야.

WEEK 09 A Homeless Dog

복습점검

1. **정답** We've been through it all.
   해설 be through : 겪다, 끝내다
2. **정답** Is it time to say goodbye?
   해설 It is time to do ~ : ~할 때(시간)이다
3. **정답** You are the reason to go on living.
   해설 go on livin'(또는 go on living) : 계속 살아가다

Mission

1) ① It is good for **business**.
   ② Something about him was **familiar**.
   ③ We **kept** each other warm.
   ④ He **made** sure I was never hungry.
   ⑤ I didn't think Axel would ever take me **off** the leash.
   ⑥ I didn't know how to help Axel and still take care **of** myself.
2) ⑦ (쇠사슬에 묶여 있는 것은) **기분이 좋지 않았어요**.
   ⑧ (나는 온기(체온)가 천천히 그에게서 사라지는 동안) 엑슬과 **함께 누워있었어요**.
3) ⑨ Shall we go have fun?
   ⑩ Slowly, the air got warmer.

WEEK 10 Big Kitten Returns

복습점검

1. **정답** where

   해설 관계부사 용법 (the place) where = in/at which

   This is where I was born.

   This is the house in which I was born.

2. **정답** when

   해설 관계부사 용법 (the time) when = at [on] which

   It is when you should finish the work.

   It is the time at which you should finish the work.

3. **정답** how

   해설 관계부사 용법 *the way how는 사용하지 않고, the way 또는 how만을 쓴다.

   또는 the way that, the way in which를 쓴다.

   This is the way he did it.

   This is the way that he did it.

   This is the way in which he did it.

Mission

1) ① Their smell **was** everywhere. They **were** hunting me again.

② I knew they **would** come. But I wasn't gonna let **them** think I was afraid.

③ Sometimes in our **lives**, we all have pain, we all have **sorrow**. But if we are **wise**, we know that **there's** always tomorrow.

④ Lean on me, when **you're** not strong, I'll be your friend, I'll help **you** carry on. For it **won't** be long 'til I'm gonna need somebody **to** lean on.

⑤ Please swallow your pride **if** there are things you need **to** borrow. For no one can fill **those** of your needs that you won't **let** show.

⑥ You just call **on** me brother when you need **a** hand. We all need somebody (to lean on). I just **might** have a problem that **you'll** understand. We all need somebody **to** lean on.

2) ⑦ **머지않아** (나도 의지할 사람이 필요할 테니까요.)

⑧ **만일 당신이 감당해야만 하는 짐이 있다면**, (그러나 당신이 질 수 없는, 내가 그 길 위에 서있어요. 그러니 나를 부르기만 하면 당신의 짐을 나눌 거예요.)

3) ⑨ Bella bravely fought against the coyotes.

*against: ~에 반대하여[맞서; 대항하여]

⑩ The scene where Bella and Big Kitten reunite and nuzzle each other is so cute.

*nuzzle: (특히 애정 표시로 무엇에) 코[입]를 비비다

WEEK 11 Hit by a Car

복습점검

1. **정답** would
   해설 조동사 would의 용법 : '과거 상황에서 미래를 이야기할 때' 쓰인다.
2. **정답** think
   해설 사역동사 let + 목적어 + **동사원형**
3. **정답** to
   해설 to 부정사가 뒤에서 somebody를 수식한다.

Mission

1) ① Can you hear me **calling** out your name?
   ② You know **that** I'm falling and I don't know **what** to say.
   ③ Speak a little louder, I'll **even** shout.
   ④ You know that **I'm** proud and I can't **get** the words out.
   ⑤ Something**'s** happening, happening **to** me.
   ⑥ You **better** make it soon before you **break** my heart.
2) ⑦ (몹시) **아팠어요**.
   ⑧ (내 친구들은 내가) **특이하게** (행동하고 있다고 해.)
3) ⑨ We better make a start.
   ⑩ I wanna be with you everywhere.
   I want to be with you everywhere.

WEEK 12 Finding Her Human

복습점검

1. **정답** beat / beating
   해설 5형식 문장 : 주어 + 지각동사(feel) + 목적어 + 목적격 보어(원형부정사 또는 현재분사)
2. **정답** ② I know the girl that is smart.
   해설 ① 접속사 that, ③ 관계부사 that, ④ 목적격 관계대명사 that은 생략할 수도 있다.
   ② 주격 관계대명사 that은 생략할 수 없다.
3. **정답** quit
   해설 had better + 동사원형

Mission

1) ① There was just one more place **to** look for Lucas.

② I used to **be** the only one.
③ I'll do **anything** I can.
④ to make **you** comfortable
⑤ What happened **to** you?
⑥ I can't believe it. Bella, where have you **been** all this time?
2) ⑦ **길 잃은 개**(가 방금 들어온 것 같아요.)
⑧ **내가 당신이라면** (즉각 사직하겠어요.)
3) ⑨ It's been like two and a half years.
⑩ I'll do anything I can to make you comfortable.

WEEK 13 Standing Up to the Dogcatcher

복습점검

1. **정답** ① → I **used to play** football when I was a boy.
해설 ① use to 동사원형 : [과거의 규칙적인 습관] → 나는 어렸을 때 축구를 하곤 했었다. (하지만 지금은 하지 않는다.)
② be used to 동사원형 : [과거의 지속적인 상태] 과거에 ~이었다/~가 있었다 (지금은 아니다) → 정원에 연못이 있었다. (그런데 지금은 연못이 없다.)
③ be used to ~ing/명사 : ~에 익숙하다 → 내 여동생은 밤에 공부하는 것에 익숙하다.
④ be used to 동사원형 : ~에 사용되다 → 그 도구는 저 선반을 고치는 데 사용된다.
2. **정답** ④ He has **no house to live in**.
해설 ① ② ③ → 부사적 용법으로 쓰였음. ① 목적 ② 원인 ③ 조건 ④ → 형용사적 용법
3. **정답** ② → He's the best teacher, **even though** he has the least experience.
해설 Even if ~ : 심지어 만약 ~하더라도 [가정]
→ 만약에 이렇다 할지라도 하면서 가정을 하는 것
Even though 비록 ~하긴 하지만 [사실] → 비록 현실이 이렇지만 이라고 얘기하는 것.
한다 해도 잘 되지 않는다.
그는 비록 경험은 가장 적지만 가장 훌륭한 선생님이다.
걸어서라도 갈게.
네가 누군가를 보았다 하더라도 그 사람이 그라는 것을 확신할 수는 없다.

Mission

1) ① Can you call the **vet**, tell him we're **on** the way?
② There's an officer outside **who** says you have to bring that dog **out**.
③ I thought I'd see **why** half the department is out here **on** a routine Animal Control call.

Anybody want to **fill** me in?

④ Which **one** of you is responsible for this crime **spree**?

⑤ All right. But **to** do so, you've got to go **through** the 1st Battalion, 3rd Marine Division, United States Marine Corps.

⑥ If I see this dog **leave** the premises, I will pull your car **over**.

2) ⑦ 미 해군 6함대

⑧ 덴버시 조례 8에 따르면

3) ⑨ My job is to enforce the law.

⑩ So, where did you two serve?

WEEK 14 Final Review

복습점검

1. **정답** ④

해설 ① ② ③ → 주격 관계대명사

④ → 목적격 관계대명사(생략 가능) = This is the woman whom I know well.

2. **정답** ②

해설 have got은 have의 의미로 구어체에서 많이 사용된다.

have got to는 must, have to, should와 같이 '~해야 한다'의 의미이다. 그러나 반복적인 의무를 말할 때는 'have got to'를 사용하지 않는다.

→ I usually have to be at work at nine. (o)

3. **정답** what

해설 관계대명사 what

① 그녀는 똑똑하고 게다가 아름답기까지 하다.

② 어머니가 오늘의 나를 만들어 주셨다.

③ 그는 이른바 팔방미인이다.

④ 내가 해줄 수 있는 건 다 해줄게.

Mission

1) ① Loving and fighting, **accusing**, denying, I can't imagine a world **with** you gone.

② The joy and the chaos, the demons we're made **of**, I'd be so lost if you **left** me alone.

③ You locked yourself **in** the bathroom, lying **on** the floor when I break through.

④ I pull you in **to** feel your heartbeat. Can you hear me **screaming** "Please don't leave me?"

⑤ Hold **on**, I still want you. Come back, I still **need** you.

⑥ Let me **take** your hand. I'll make it right, I **swear** to love you all my life.

2) ⑦ **<u>무기력하게(의지할 데 없이) 기도하면서</u>**, 빛이 사라지지 않기를
   ⑧ 네가 움직이지 않고 누워있을 때 나는 초조하게 왔다 갔다 했어.

3) ⑨ I don't wanna let go.
   ⑩ I know I'm not that strong.

WEEK 15 Review for Final Exam

1. **정답** ③
   해설 반복적인 의무를 말할 때는 'have got to'를 사용하지 않는다. He usually has to go to bed at ten.
2. **정답** ②
   해설 even though 비록 ~하긴 하지만 [사실]
   You're the best teacher, even though you have the least experience.
3. **정답** ④
   해설 ①, ②, ③의 that은 접속사이고, ④의 that은 관계대명사이다.
4. **정답** ①
   해설 Axel didn't take Bella off the leash.
5. **정답** ①
   해설 Let me take your bag.
6. **정답** ③
   해설 She was seen to get on the train.
   *수동태가 되면 원형부정사 → to 부정사로 바뀜.
7. **정답** ①
   해설 관계부사 용법 *the way how는 사용하지 않고, the way 또는 how만을 쓴다.
   또는 the way that, the way in which를 쓴다.
8. **정답** ④
   해설 They used to drank tea by the bucket.
9. **정답** ②
10. **정답** ③
11. **정답** ② ×
    해설 Ida Carolina Redig, also known as GIRL, is a Swedish singer, actress, music producer and songwriter.
12. **정답** ② ×
    해설 The OST 'Don't worry about me' was sung by Frances.
13. **정답** ① O

14. 정답 ② ×

해설 루카스, 올리비아, 테리 그리고 병원 친구들 모두 벨라를 다시 만나서 행복해 하고, 마침내 핏불 견종을 허용하는 Golden 지역으로 이사해서 루카스와 행복하게 지내는 모습으로 영화는 막을 내린다.

15. 정답 stray

16. 정답 endless

17. 정답 break

18. 정답 start

19. 정답 sometimes

20. 정답 where

21. 정답 to

22. 정답 been

23. 정답 were

24. 정답 over

25. 정답 what

26. 정답 for

27. 정답 hear

28. 정답 hurt

29. 정답 that

30. 정답 would

해설 조동사 would : will의 과거형으로 '과거 상황에서 미래를 이야기할 때' 쓰임

31. 정답 through

32. 정답 when

33. 정답 내 일은 법을 **집행하는 것**입니다.

34. 정답 **저 차를 반납해요.**

35. 정답 **별일 아니다[대수롭지 않다].**

참고한 자료

영화 A Dog's Way Home(2019)

소설 Cameron, W. Bruce (2017). A Dog's Way Home. Forge Books. United States.

1주차

https://upload.wikimedia.org/wikipedia/en/f/f9/A_Dog%27s_Way_Home.png

https://upload.wikimedia.org/wikipedia/en/7/77/A_Dog%27s_Way_Home_%28book%29.png

https://ko.wikipedia.org/wiki/%ED%94%8C%EB%A1%AF

https://en.wikipedia.org/wiki/A_Dog%27s_Way_Home

https://youtu.be/LRs8ydxa2Ik

2주차

https://youtu.be/r3_IvtMPIi4

https://upload.wikimedia.org/wikipedia/commons/c/c0/Pit_bull_sampler.jpg

https://pixabay.com/ko/images/search/pitbull%20terrier/

https://upload.wikimedia.org/wikipedia/commons/4/42/Blue_nose_pit_bull_puppy.jpg

3주차

https://youtu.be/jOMVsEk9EhU

https://youtu.be/87IqS4kQqgE

4주차

https://youtu.be/Te32eYR3jo4

5주차

https://youtu.be/VqZAfqVCEnk

6주차

https://youtu.be/YfKjUgN_RcY

7주차

https://youtu.be/8Zr8MQQ0vEk

https://youtu.be/LfIZcvxpFR8

9주차

https://youtu.be/mZYTLYXT-CQ

10주차

https://youtu.be/5XQqslDEoeI
https://youtu.be/L49cCbodrvA
https://youtu.be/SyOyksOMaEw
https://youtu.be/53JD-KBgKSE
https://en.wikipedia.org/wiki/Jillian_Edwards

11주차

https://youtu.be/hcWY1CYRCsw
https://youtu.be/PMWd63W2iY4
https://en.wikipedia.org/wiki/Ida_Redig

12주차

https://youtu.be/M47Aq3yj_NQ
https://youtu.be/3fT-Lbb5EQA

13주차

https://youtu.be/2T51K4xsBjg
https://ko.wikipedia.org/wiki/%EC%B9%B4%EB%B6%88

14주차

https://youtu.be/X9YXqNNnKiw
https://youtu.be/8ofCZObsnOo
https://search.pstatic.net/sunny/?src=http%3A%2F%2Fwww.billboard.com%2Ffiles%2Fstyles%2F1024x577%2Fpublic%2Fmedia%2FChord-Overstreet-2017-cr-rick-craft-billboard-1548.jpg&type=b400

영화로 배우는 영어

지은이 강혜경
펴낸이 조경희
펴낸곳 경문사
펴낸날 2025년 3월 3일 1판 2쇄
등 록 1979년 11월 9일 제1979-000023호
주 소 04057, 서울특별시 마포구 와우산로 174
전 화 (02)332-2004 팩스 (02)336-5193
이메일 kyungmoon@kyungmoon.com

값 19,000원

ISBN 979-11-6073-384-6